배움을
키우는
교실 속
북아트

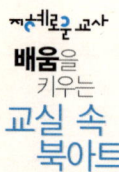

지혜로운 교사
배움을
키우는
교실 속
북아트

ⓒ 곽지순, 2009
2009년 5월 11일 처음 펴냄
2016년 9월 12일 1판 9쇄 찍음

지 은 이 곽지순
펴 낸 이 신명철
펴 낸 곳 우리교육
등   록 제313-2001-52호
주   소 03993 서울시 마포구 월드컵북로 6길 46
전   화 02-3142-6770
전   송 02-3142-6772
홈페이지 www.uriedu.co.kr

ISBN 978-89-8040-655-5 13370

이 도서의 국립중앙도서관 출판시도서목록(CIP)은
e-CIP 홈페이지(http://www.nl.go.kr/cip.php)에서 이용하실 수 있습니다.
(CIP제어번호:CIP2009001334)

지혜로운 교사

배움을 키우는
교실 속 북아트

곽지순 지음

우리교육

배움과 나눔, 모두를 위한 교육 지혜로운교사

시리즈를 펴내며

여전히 많은 문제들을 안고 있지만, 우리 교육계는 제도와 내용이라는 두 측면에서 한 걸음씩 나아가고 있습니다. 현장 교사들의 꾸준한 연구와 실천을 통해 수많은 교육 자료들이 쌓이고 있습니다.

그럼에도 우리 교육출판계를 보면, 그 흔적을 찾기 힘듭니다. 직접 아이들과 함께 한 교육활동의 결과들을, 말 그대로 살아 있는 교사의 언어로 담아낸 책들이 빈약합니다. 교사들의 실천을 정리해내는 동시에 다른 교사들의 성장을 도모할 수 있는 그 무엇이 필요하다고 봅니다.

교사는 끊임없이 배우고 성장하며 나누는 존재입니다. 아무리 세상이 경쟁으로 치닫고 자본에 눈먼다 해도 교육에서만은 포기할 수 없는 중심 가치가 있습니다. 바로 '배움'과 '나눔'입니다. 스스로 서고 더불어 잘 살기 위한 배움과 나눔이 아니라면 교육의 진정성은 사라질지도 모릅니다.

우리교육은 '모두를 위한 교육'을 지향하며, 이제껏 개인 차원에서만 다루어진 교사들의 교육 실천 경험들을 〈지혜로운 교사〉 시리즈로 모아내고자 합니다. 그 결과물을 다른 교사들과 나누는 과정에서 함께 성장해가는 책으로 만들고자 합니다. 이 각박한 세상에서 묵묵히 아이들과 함께 교사들이 일구고 있는 미래를 이 속에 고스란히 담고 싶습니다.

2009년 5월 우리교육

배움을 키우는
교실 속
북아트

차례

08   책을 펴내며

10   **북아트 수업, 어떻게 시작할까**
12   북아트만이 가진 매력
14   교실에서 활용하는 북아트 이해하기
20   북아트 수업 준비하기
23   간단한 북아트로 가볍게 시작하기
32   북아트 직접 만들어 보기 1   **2면 북아트 : 접이책**

34   **북아트, 교과별로 어떻게 풀어낼까**
37   국어 수업과 북아트
49   사회 수업과 북아트
70   과학 수업과 북아트
92   수학 수업과 북아트
96   미술 수업과 북아트
104   북아트 직접 만들어 보기 2   **4면 북아트 : 아코디언북(병풍책)**

3부

106 독서와 보고서, 북아트로 어떻게 할까

109 북아트와 독서 지도

136 북아트와 보고서 쓰기

162 북아트 직접 만들어 보기 3 **8면 북아트 : T-갈라접기책**

4부

164 북아트와 수업, 다시 생각하기

174 북아트 직접 만들어 보기 4 **기타 북아트 : 주머니책**

175 마치며

178 북아트 수업에 필요한 준비물

182 이 책에서 소개한 북아트

제가 북아트를 알게 된 지는 그리 오래되지 않았습니다. 2006년 1월에 우리교육에서 곽계현 선생님이 하신 '교실로 들어온 북아트' 강좌를 통해서 처음 접했으니까 이제 겨우 4년째인 셈입니다. 북아트를 접하고 난 후의 시간을 되돌아보면 북아트라는 방법 덕분에 제 수업이 많이 성숙할 수 있었습니다. 북아트를 수업에 활용하려면 교육과정을 재구성하지 않고서는 불가능했기 때문입니다.

북아트를 알기 전에도 국어교육, 독서교육, 논술교육, 글쓰기교육 등에 관심이 많았습니다. 이를 교실에서 실천하기 위해 다양한 연수도 받고, 여러 가지 책도 찾아 읽으면서 새로 알게 된 방법을 수업에 적용해 보려고 부단히 애를 써 왔습니다. 그러나 교실 수업과 아이들이 실제 알고 있는 앎을 어떻게 연결 지어야 할지, 아이들의 생각과 흥미를 어떻게 이끌어 주어야 할지 항상 막연하기만 했습니다. 저는 이런 막막함을 풀 수 있는 열쇠 중 하나를 북아트를 통해 찾았습니다. 북아트는 독서와 수업을 연관 지어 함께 풀어 나가고, 아이들 스스로 학습력과 사고력, 창의력,

표현력을 키워 나갈 수 있는 방법이 되었습니다.

지금 우리 반 아이들은 선생님의 특기를 쓰라고 하면 "우리 선생님은 북
아트를 정말 잘하신다."라고 씁니다. 그리고 항상 "선생님, 우리 북아트
수업 또 언제 해요?"라고 묻곤 합니다. 이럴 때마다 우리 반 아이들과 제
가 마치 북아트라는 매체를 통해 소통하는 것 같다는 생각을 합니다.

저는 '빛깔이 있는 학급운영' 이라는 우리교육 책과 강좌 제목을 참 좋아
합니다. 교사마다 학급운영을 할 때 각자의 특색이 있기 마련인데 그것
을 빛깔로 표현한 점이 마음에 들었습니다. 저는 항상 교사로서 제 빛깔
은 무엇일까 생각했습니다. 그리고 지난 3년을 돌이켜 볼 때 제 수업과
학급운영의 빛깔을 북아트를 통해 찾았다고 생각합니다.

2009년 5월 곽지순

1부

북아트 수업,
어떻게
시작할까

북아트만이 가진 매력
교실에서 활용하는 북아트 이해하기
북아트 수업 준비하기
간단한 북아트로 가볍게 시작하기
북아트 직접 만들어 보기 1 2면 북아트 : 접이책

북아트만이 가진 매력

나는 수업에서 북아트를 빼놓을 수 없을 만큼 많이 활용한다. 북아트만 이 가진 특별한 매력을 발견했기 때문이다.

예를 들어, 수학 시간에 '삼각형' 단원을 배우고 있다고 해 보자. 책에는 여백도 거의 없는데, 정삼각형, 둔각삼각형, 예각삼각형을 그려 보라고 한다. 수학 공책도 따로 없는데 난감하기 그지없다. 이럴 때 커다란 색종 이 하나만 뚝딱 하고 접으면 매우 효과적인 수학 공책이 된다.

사회 교과에는 개인 보고서나 모둠 보고서를 작성해야 하는 수업이 많다. 그리고 이러한 활동은 곧바로 수행평가로 이어지곤 한다. 이런 때 교사가 수업에서 특별한 지도를 해 주지 않고 과제로 내 주는 경우가 많다. 보고서 쓰기는 아이들 혼자 하기에는 힘든 숙제다. 이런 문제도 수업시 간에 북아트를 사용하면 금방 해결된다.

또, 학기 초만 되면 포트폴리오를 만들기 위해 A4, B4 크기의 다양한 파일을 걷게 된다. 북아트를 시작한 이후에는 나는 더 이상 이런 파일들을

교실에서 흔히 보는 검정 도화지지만 어떻게 접어 세우고 무슨 내용을 담는 냐에 따라 보고서를 색다르게 담아내는 훌륭한 그릇으로 변신한다.

걷지 않는다. 파일보다 더 훌륭하게 교과별로, 단원별로 색다른 북아트 포트폴리오를 만들 수 있기 때문이다. 파일 속에 담긴 학습지들을 의미 있게 다시 살펴보는 아이들은 거의 없다. 북아트 포트폴리오는 달랐다. 한 학기 동안 하나하나 붙여 가며 완성한 북아트 작품에 아이들은 보람 과 자부심을 많이 느꼈다.

북아트가 가진 장점은 그뿐만이 아니다. 2시간 넘게 애써서 만든 미술 작품도 아무 데나 버리고 가던 아이들이 북아트 작품만큼은 엄마한테 보 여 주고 싶다며 챙겨서 가져가곤 했다.

누군가 나에게 "북아트가 뭐라고 생각하냐?"라고 묻는다면 "자유자재로 변신하는 로봇을 다룬 영화 〈트랜스포머〉처럼 수업 내용에 따라 마음대 로 변할 수 있는 요술 그릇"이라고 말하고 싶다. 항상 똑같은 학습지와 공책이 그 흔한 검정 도화지 한 장만으로도 화려하게 변신을 거듭할 수 있으니 말이다.

교실에서 활용하는 북아트 이해하기

언제부터인가 북아트가 문화예술교육의 하나로 자리 잡았다. 도서관 프로그램을 보더라도 북아트 활동 하나 정도는 들어가 있고 방과 후 활동으로도 북아트가 널리 퍼져 있다. 북아트를 수업에 활용하는 교사들도 많다.

북아트는 말 그대로 책의 형태를 이용한 예술이다. 어떤 북아트는 글자하나 없이 오리고 붙이기만 해서 만들기도 한다. 인터넷에서 북아트를 검색해 보면 북아트 만드는 방법을 소개해 놓은 사이트들이 넘쳐 난다. 북아트 작품을 보여 준 다음, 만드는 데 필요한 재료들을 묶음으로 만들어 파는 사이트도 있다. 단지 예쁘게 만들어 전시하는 것이 목표인 듯한 북아트들이 많다.

그러나 학교에서 활용하는 북아트는 학교, 교실, 수업이라는 특별한 상황을 고려하여 조금 다른 관점에서 이해해야 한다.

배움을 키우는 **교실 속 북아트**

교실에서 활용하는 북아트는 무엇을 담느냐가 중요하다

교실에서 가장 중요한 것은 수업이다. 수업 안에서 교사와 아이들, 아이들과 아이들은 서로 소통을 한다. 마인드맵, 열린교육, 협동 학습, 토론 학습, 발표 학습 등 우리에게 널리 알려진 교육활동도 알고 보면 다 수업 안에서 소통이 좀 더 원활하게 이루어지도록 하기 위한 방법이다. 북아트도 마찬가지다. 교실이라는 상황 속으로 들어오면 북아트 역시 수업을 돕기 위한 하나의 수단일 뿐이다.

이 때문에 교실에서 북아트를 활용할 때는 출발점이 달라야 한다. '이 북아트 참 예쁜데 수업에서 써 봐야지!' 라고 생각하고 시작했다면 그 수업은 실패하기 쉽다. 중심에 있어야 할 수업보다 북아트 활용을 먼저 고려했기 때문이다. '이번에 사회 수업을 하는데 보고서를 써야 하네. 이 보고서가 4쪽 정도 될 것 같은데, 4쪽짜리 북아트를 찾아서 써 봐야지.' 라고 생각했다면 이는 수업에 북아트를 제대로 활용한 거라고 할 수 있다.

수업을 지원하는 수단으로 북아트를 활용했기 때문이다.

북아트를 시작한 첫해에는 오류가 참 많았다. 일단 북아트부터 만들어 놓고 수업을 하다 보니 정해진 수업시간을 넘기기 일쑤였다. 또 단원이 끝났는데도 여전히 북아트에 빈 공간이 남아

4학년 1학기 과학 시간에 '강과 바다' 단원을 가르칠 때다. 강의 흐름을 연상시키는 '물결책'을 만들면 좋겠다는 생각을 했다. 책의 형태는 간단하지만 수업 내용과 잘 어우러져서인지 매우 효과적인 수업 도구가 되었다.

15

있는 경우도 있었다. 가장 큰 문제는 아이들이 수업 내용보다 꾸미기에만 더 열중하는 모습을 보였다는 점이다.

지금은 나름대로 노하우가 생겼다. 먼저 단원 내용이 무엇인지, 몇 차시인지 전체를 살펴보고, 정해진 수업시간 안에 어떤 활동을 넣으면 좋을지 구상해 본다. 그리고 나서 이 단원에서 북아트가 유용하다는 생각이 들면 들어갈 내용에 따라 어떤 재료를 활용할지, 지면의 수와 형태는 어떻게 할지 결정한다. 직접 만들어 보면서 미리 수업 설계를 한 다음 수업에 들어가면, 북아트 지면이 남거나 부족한 일도 없고 수업시간을 넘기지도 않는다.

학습지나 교과서, 공책은 정해진 형태에 맞게 쓸 수밖에 없지만 북아트는 어떻게 설계하는가에 따라 다양한 수업 내용을 마음껏 담아낼 수 있다. 북아트는 평면을 원하는 형태로 마음대로 변신시킬 수 있기 때문이다.

교실에서 활용하는 북아트는 간단해야 한다

북아트 연수에 가면 대부분 색다른 책을 만드는 방법을 가르쳐 주는 데 집중한다. 북아트가 책의 형태를 이용한 예술 장르이기 때문이다. 사실 나도 다른 사람이 만든 북아트를 보면 형태에 먼저 관심이 간다. 일단 내가 만들 수 있어야 수업시간에 활용할 수 있을 테니 말이다. 그래서 많은 사람들이 좀 더 색다른 재료와 방법으로 책 만드는 방법을 가르치고 배우는 데 관심을 쏟는다.

수업시간에 꾸준히 북아트를 활용하다 보니 책 만들기에 대한 생각이 달

수업시간에 가장 많이 활용하는 북아트 형태는 2면 북아트이다. 만드는 데 1~2분밖에 걸리지 않아 수업 흐름을 방해하지도 않고, 여러 장을 이어 붙일 수도 있어 편리하다.

라졌다. 수업시간에 필요한 북아트는 색다른 재료와 독특한 접기가 중심이 아니었다. 아직 꾸미는 활동이나 손 조작이 서툰 아이들에게 어려운 북아트를 시키면 하다가 망치기도 하고 중간에 포기해 버리기도 한다. 그보다 더 심각한 문제는 수업시간 40분 가운데 수업을 하는 시간보다 북아트를 만들고 꾸미는 데 더 많은 시간이 든다는 점이다. 수업시간에 북아트를 제대로 활용하고 싶다면 교사가 먼저 만들거나 꾸미기에 대한 욕심을 버려야 한다.

"북아트 할 때 뭐가 가장 중요하다고 했지? 꾸미는 거니? 그 안에 쓴 글이니? 꾸미기보다 글을 쓰는 게 훨씬 중요해. 글에 집중하자."

북아트 수업을 할 때마다 우리 반 아이들에게 강조하는 말이다. 북아트를 위해 수업을 하는 것이 아니라 수업을 위해 북아트를 활용하기 때문이다. 교실에서는 예쁘고 독특한 북아트보다 흔히 볼 수 있는 재료들로 간단히 접어서 어떤 수업시간이든 바로 활용할 수 있는 북아트를 적극 활용할 필요가 있다.

교실에서 활용하는 북아트는 미술이 아니다

아래 사진은 4학년 2학기에 지층과 화석에 대한 단원을 공부할 때 아이들이 만든 북아트 작품이다. 만약 두 작품을 평가한다면 어떤 작품에 점수를 더 주고 싶은가?

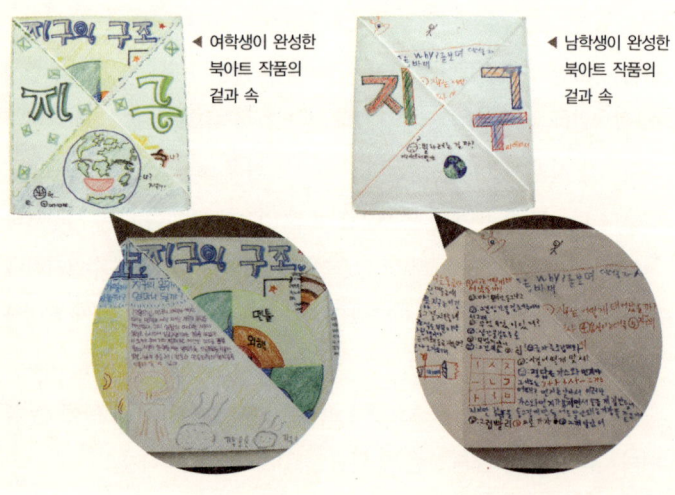

◀ 여학생이 완성한 북아트 작품의 겉과 속

◀ 남학생이 완성한 북아트 작품의 겉과 속

배움을 키우는 **교실 속 북아트**

당연히 표지도 예쁘게 꾸미고 내용도 성실하게 잘 쓴 여학생 작품이 한 눈에 들어온다. 그러나 우리 반 아이들은 남자아이가 만든, 모양도 안 예쁘고 내용도 엉성해 보이는 북아트를 최고의 작품으로 꼽았다. 까닭을 물어보니 다른 아이들은 교사가 하라는 대로 질문을 쓰고 책에서 답을 찾아 그대로 적었지만, 이 아이는 이를 재구성하여 대화를 하듯이 재미있게 썼단다.

아이들이 만든 북아트를 평가하는 기준이 '얼마나 예쁘게 꾸몄는가' 가 되어서는 안 된다. 분명 여러 아이들이 만든 북아트 작품을 빠르게 훑어 보다 보면 그림도 잘 그리고 색칠도 잘한 북아트 작품들이 먼저 눈에 띄기 마련이다. 하지만 수업시간에 활용하는 북아트는 수업을 좀 더 효과적으로 하기 위한 목적이기 때문에 내용이 더 중요하다.

우리 반 아이들도 처음에는 '얼마나 예쁘고 멋지게 꾸몄는가' 를 중심으로 다른 친구들의 작품을 평가하는 듯했다. 이러다 보면 꾸미기에 서툰 남자아이들은 흥미를 가지고 참여했다가도 점차 북아트에 싫증을 내게 된다.

이 때문에 우리 반은 항상 꾸미기보다 내용을 중심으로 보게 하고, 남자아이들의 작품과 여자아이들의 작품을 따로 분류해 평가하게 했다. 그러자 아이들도 점차 북아트 작품을 평가할 때 미술 잘하는 아이의 작품보다는 창의적이면서 내용을 성실하게 채운 작품을 높이 평가했다. 만들기나 그리기에 서툰 남자아이들이 만든 작품도 최고로 뽑히는 경우가 많아서 남자아이, 여자아이 모두 북아트 수업을 참 좋아했다.

북아트 수업 준비하기

북아트를 수업에 활용하려면 흰 도화지나 검정 도화지뿐 아니라 머메이드지, 색 마닐라지, 대형 색종이, 소포지 등 종이류부터 칼, 가위, 풀, 본드, 자 등의 기본 문구류, 커팅매트와 파일 박스 등에 이르기까지 여러 가지 준비물이 필요하다. 이런 준비물들은 그때그때 아이들이 가져오게 하기보다는 미리 구입해서 교실에 마련해 놓으면 필요할 때 자유롭게 꺼내어 쓸 수 있다.

먼저 다양한 종이를 갖추어 놓아야 한다. 나는 아이들에게 준비물을 직접 가져오게 한 적이 거의 없다. 대형 색종이는 3월 초 환경 물품을 살 때 보육사에서 한 묶음 정도 사다 놓으면 1년 동안 충분히 쓸 수 있

빈 사물함을 이용해 종류별로 준비물을 챙겨 놓으면 북아트 수업을 할 때 교사의 수고가 훨씬 줄어든다.

배움을 키우는 **교실 속 북아트**

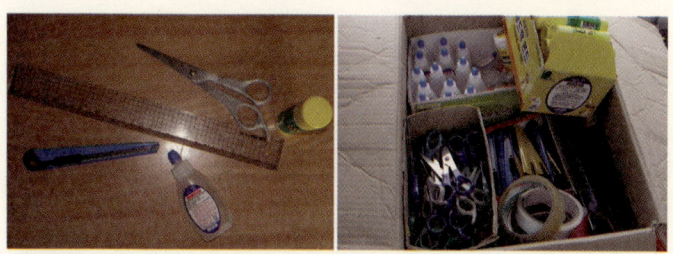

북아트를 할 때 필요한 칼, 가위, 풀, 본드, 자 등은 미리 구입해 두었다가 교사가 한꺼번에 관리하는 것이 좋다.

다. 또 흰 도화지, 검은 도화지, 색 도화지, 머메이드지 등은 학교에서 나누어 주는 것이나 다른 반에서 남는 것을 챙겨서 미리 모아 놓았다. 다양하게 준비해 놓은 종이들은 남는 사물함을 이용해 종류별로 정리해 놓았다가 북아트 수업을 할 때 아이들이 직접 꺼내 가게 하면 효과적이다.

북아트를 만들다 보면 칼, 가위, 풀, 본드, 자 같은 문구류도 필요하다. 풀은 물풀보다는 딱풀이 넓게 퍼지지 않아 좋다. 또 머메이드지는 풀로는 잘 붙지 않아 본드를 사용할 때가 많은데, 일반 본드보다 투명한 우드락 본드를 이용하면 깔끔하게 만들 수 있다. 자는 30cm 투명 격자로 준비하는 것이 좋다.

이러한 물품들은 학기 초에 학습 준비물로 미리 구입해 놓은 후 작은 상자를 여러 개 마련하여 종류별로 보관했다가 필요할 때마다 아이들이 가져가서 사용하게 하면 좋다. 이렇게 관리하면 3년 전에 구입한 가위도 그대로 사용할 수 있을 정도로 멀쩡하고, 딱풀도 거의 한 학기 동안 쓸 수 있다.

제때제때 알맞은 북아트를 찾아보기 위한 참고 도서들을 준비해 놓는 것도 매우 필요한 일이다. 나는 수업 내용을 분석하고 나서 적용할 만한 북아트 방법이 선뜻 떠오르지 않으면 교실에 준비해 둔 북아트 책들을 뒤적이며 알맞은 방법을 찾아본다. 대부분은 금방 찾지만 딱 맞는 게 없을 경우 기본 책을 조금 변형하거나 예전에 만든 책의 크기나 재료를 바꾸어 만든다.

다음은 북아트 수업에 도움이 되는 책 목록이다.

북아트 수업을 준비할 때 참고할 수 있는 책들

- 《책 만들며 놀자》 곽계현, 문화숲속예술샘, 2006
- 《사회북아트 글쓰기》 곽계현, 문화숲속예술샘, 2007
- 《아이들과 함께하는 교실 속 책 만들기》 우경희 · 박광철, 우리가희망, 2007
- 《김나래의 어린이 북아트》 김나래, 마루벌, 2005
- 《재미있고 유익한 북아트 교실》 김나래, 종이나라, 2007
- 《창의적인 글쓰기로 아름다운 책 만들기》 박경순, 한울림어린이, 2005
- 《책 만들며 크는 학교 시리즈》 아이북

간단한 북아트로 가볍게 시작하기

북아트를 알고 나면 하루빨리 교실에서 적용해 보고 싶은 마음이 든다. 예쁜 북아트가 너무 많기 때문이다. 그러나 처음부터 욕심을 부려 어려운 책부터 만드려고 하면 설명하기도 힘들고 공들인 시간만큼 아이들의 작품도 잘 나오지 않아 실망하기 쉽다. 처음 시작하는 북아트는 익숙한 재료로 간단하게 만드는 것이 좋다.

북아트로 시작한 첫날

아이들과 만난 첫날. 출석도 확인하고 자리도 정했는데 시간이 남았다. 첫날부터 4교시에 급식까지 한다니, 교사인 나도 아직 준비가 안 되었는데 아이들에게는 4시간이 얼마나 길게 느껴질까 싶다. 보통 이럴 때는 서먹서먹한 아이들끼리 얼굴도 익히고 이름도 외우기 위해 앞에 나와 간단히 자기소개를 하는 시간을 갖는 경우가 많다. 하지만 처음에는 열심히 듣던 아이들도 시간이 흐를수록 점점 지루해서 나는 이 방법을 별

우경희 선생님의 북아트 사이트php.chol.com/~kate915에 가면 간단하게 오리고 접어 만들 수 있는 여러 가지 본이 있어서 쉽게 내려받아 쓸 수 있다.

로 좋아하지 않는다.

우리 반은 첫 만남도 북아트로 시작했다. 먼저 내 소개를 간단히 하고 앞으로 1년 동안 함께 어떻게 공부할지 안내했다. 더불어 북아트에 대해서 간단히 소개해 주면서 그 가운데 하나를 만들어 보자고 이야기했다.

학급에서 처음 만드는 것이기 때문에 예쁜 꽃 모양 본을 미리 복사해 두었다가 아이들에게 나누어 주었다. 종이에 그려진 꽃 모양을 따라 오린 후에는 각 꽃잎마다 가족, 주소, 특기, 다니는 학원, 좋아하는 과목과 싫어하는 과목에 대해 쓰게 하고, 가운데 빈 공간에는 '선생님이나 친구들에게 하고 싶은 말'을 쓰도록 했다.

나누어 준 종이를 오리고 글을 쓰고 색칠까지 하다 보니 간단한 북아트인데도 1시간이 조금 넘게 걸렸다. 다 완성한 후에는 앞에 나와 글로 쓴 내용을 발표하는 시간도 가졌다.

이렇게 북아트를 하며 첫날을 보내니까 4시간이 좀 더 빨리 지나갔다.

교사 입장에서는 아이들을 조금 여유 있게 둘러볼 수 있어 좋았다. 작품을 만들면서 아이들끼리 서로에 대해 좀 더 알 수 있는 기회가 되었고, 다 만든 북아트 작품은 허전한 교실 벽면을 예쁘게 꾸며 주었다.

가장 쉽고 효과적인 2면 북아트로 사회 수업 시작하기

새 학기가 시작되어 아이들과 맨 먼저 하는 북아트는 사회 북아트이다. 조금 두껍고 빳빳한 8절 검정 도화지나 머메이드지를 접어 책등을 1cm 만들고 그 안에 8절 흰 도화지를 붙여 만드는 가장 기본꼴의 책이다.(32쪽 참조) 이 책은 만들기 쉬우면서도 계속 종이를 붙여 가며 지면이 늘어나는 재미를 느낄 수 있다.

4학년 이상이 된 아이들은 특히 사회 시간을 어려워한다. 이 시간을 좀 더 즐겁고 재미있게 공부하기 위한 특별한 방법이 필요할 정도다. 우리 반은 사회 교과서와 사회과 탐구에 있는 내용을 충분히 읽고 이야기를 나눈 다음, 필요한 자료와 내용을 오려 붙이고 정리도 하면서 북아트 수업을 병행해 나갔다. 교과서를 오린다고 하니 처음에는 아이들이 깜짝 놀라는 듯했다. 하지만 점차 교과서를 찢고 예쁘게 꾸미면서 공부하는 수업을 재미있어했고 또 자신의 키보다도 더 큰 책을 만들며 매우 뿌듯해했다.

북아트가 수업 내용을 요점 정리하는 데 특히 효과적이라고 생각했던 것은 4학년 사회를 가르치면서였다. 4학년 사회는 교사들조차 사회 교과서를 가르쳐야 할지 지역화 교과서인 사회과 탐구를 가르쳐야 할지 몰라 어려움을 겪곤 한다.

나는 아이들에게 북아트를 통해 사회 교과서와 인천의 생활을 합체해 새로운 책을 만들어 보자고 했다. 그리고 수업시간마다 사회 책과 인천의 생활을 배운 후에는 항상 5~10분 정도를 남겨 놓고 배운 내용을 북아트를 만들며 정리할 수 있게 안내해 주었다. 처음에는 2쪽에서 4쪽으로, 다시 6쪽으로……. 수업을 할수록 길이가 늘어나는 북아트를 보며 아이들은 마냥 신기해했다.

사회 북아트에 배운 내용을 정리할 때는 아이들이 그냥 베껴 쓰지 않도록 했다. 처음에는 정리할 내용을 칠판에 적어 주고 아이들에게 따라 쓰게 했지만 나중에는 빈칸을 두어 메우도록 하기도 하고, 아이들이 책에서 찾아 직접 정리하는 방식으로 조금씩 아이들의 역할을 키워 주었다.

지도로 배워 보자!

1. 지도란? (교과서에서 설명한 부분을 찾아 적어 보세요)

2. 방위란? (교과서에서 설명한 부분을 찾아 적어 보세요)

3. 방위표 그리기 (교과서에 있는 방위표를 보고 그려 보세요)

Q U I Z

• 일반적으로 (   )쪽이 기본 방위임

• 지도에서는 (   )쪽이 북쪽임

사회 시간에 배운 내용을 북아트에 담았다. 아이들이 무조건 베껴 쓰지 않도록 책에서 찾아서 정리하게 했다.

배움을 키우는 교실 속 북아트

가장 쉽고 효과적인 2면 북아트로 사회 수업을 했다. 아이들은 북아트로 공부하면 어려운 내용도 훨씬 이해가 더 잘 된다고 한다.

처음에는 공부한 내용을 스스로 정리하는 방법을 몰라 당황하던 아이들이 점차 사회 교과서를 읽고 필요한 자료를 찾아 잘 정리해 나갔다.

사회 북아트를 할 때에는 교과서 내용만 정리한 것이 아니라 다양한 이미지 자료를 이용하기도 하고 다른 교육활동과 연관 짓기도 했다. 가끔은 북아트 안에 교과서에 나온 그래프를 오려 붙여 해석하게 하고, 신문 기사를 붙여 논술 활동을 하도록 안내하기도 했다. 또 모둠 토의 활동을 통해 나온 결과들도 모두 북아트에 정리하게 했다. 북아트는 그야말로 아무것도 없는 흰 도화지이기 때문에 내가 원하는 어떤 수업 내용도 자유롭게 담아낼 수 있었다.

사회 시간에 배운 내용을 북아트로 정리하는 시간은 한마디로 어려운 지식을 아이들이 천천히 소화시키는 시간이었다. 마치 소가 되새김질하듯 말이다. 그래서인지 아이들은 사회는 어렵지만 북아트를 통해 배우면 쉬워진다는 이야기를 많이 했다.

독서지갑으로 독서 지도하기

학기 초에 또 하나 해 볼 만한 것은 독서지갑 북아트이다. 어느 반이나 그렇겠지만 학기 초가 되면 학급문고를 마련하고 계획을 세워 독서 지도를 한다. 지도 방식은 읽은 책 내용을 독서록 공책에 써 나가게 하는 게 가장 일반적이다. 그러나 아이들에게 물어보면 이렇게 독서록을 쓰는 게 재미없다고 한다. 널리 퍼져 있는 독후 활동도 마찬가지이다. 일률적으로 주어진 독후 활동은 아이들에게 별 의미 없고 귀찮은 소일거리일 뿐이다. 우리 반은 복잡한 독후 활동 대신 8절 머메이드지를 이용해 파일 형태의

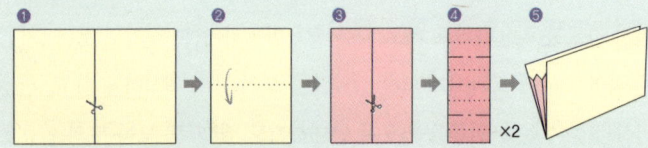

파일북(독서지갑책) 만드는 방법

❶ 8절 머메이드지를 준비하여 반을 자른다.
❷ 반으로 자른 종이 중 하나는 반을 접어 놓는다. 이 종이가 독서지갑의 겉면이다.
   반으로 자른 종이 중 다른 하나는 색깔이 어울리는 종이를 가진 다른 친구와 바꾼다. (독서지갑 사이에 끼우는 종이는 다른 색이 더 예쁘다.)
❸ 바꾼 종이는 길게 반을 자른다.
❹ 길게 반을 자른 종이를 8등분이 되도록 지그재그로 접는다.
❺ 지그재그로 접은 종이를 ②에서 접은 종이의 양끝에 붙인다. 지그재그로 접은 종이를 붙이고 나서 남은 윗부분을 접고 겉표지도 꾸민다.

8절 머메이드지를 활용해 파일처럼 생긴 독서지갑을 만들었다. 독서지갑은 자기만의
독서 계획과 목표를 세울 수 있어 좋았다.

독서지갑을 만들어 사용했다.

독서지갑에 들어갈 독서카드는 지갑 크기에 맞추어 종이를 잘라 놓은 후
책의 내용과 느낀 점만 간단히 적게 했다. 독서카드는 학급문고 주변에
놓고 아이들이 책을 읽을 때마다 마음껏 가져가서 쓸 수 있도록 했다.

독서지갑은 일반 독서록보다 여러 면에서 장점이 많았다. 먼저 자기만의
독서 계획과 목표를 함께 세울 수 있어 좋았다. 독서지갑을 만들고 나면
겉표지에 '수빈이의 독서지갑 120권 읽기' 처럼 저마다 목표를 정해 쓰
게 했다. 자기가 정한 목표를 이루면 보상을 해 주었더니 아이들이 굉장
히 좋아했다.

또한 일반 독서록처럼 자세하고 길게 쓰지 않고 작은 메모지에 인상 깊
은 내용을 중심으로 느낌을 간단히 정리하게 하니 아이들이 부담스러워
하지 않았다. 다니엘 페낙은 《소설처럼》(문학과지성사, 2004)에서 책을 읽
고 나서 아무것도 하지 않을 권리에 대해 말한다. 그러나 교사인 내 입장

독서카드는 독서지갑 크기에 맞게 작게 만들어 놓은 후 학급문고 주변에 바구니를 놓고 그 안에 담아 필요할 때마다 수시로 가져가서 사용하게 했다.

에서는 책을 읽고 나서 정리하는 습관도 중요하다는 것을 알기 때문에 이를 지도하지 않을 수만은 없다. 그래서 독서지갑 안에 들어갈 독서카드는 어디까지나 글쓰기가 아닌 '다독'과 '정리하는 습관 기르기'를 목적으로 한두 줄로만 간단히 정리하게 했더니 아이들이 부담을 갖지 않고 써 나갔다.

지갑이라는 형태도 나름대로 장점이 되었다. 독서지갑 안에 들어가는 속지는 마치 돈 같은 느낌을 주어서 아이들이 재미있어했다.

"독서카드가 꼭 돈 같지 않니? 7월 둘째 주 금요일이 되면 이 독서카드가 진짜 현금으로 바뀐다."

아이들에게 이렇게 말하며 독서카드를 가장 많이 모은 남학생과 여학생에게 만 원짜리 도서상품권을 준다고 말했더니 아이들이 더 열심히 책을 읽기도 했다.

물론 독서지갑에 독서카드를 모으는 것만으로 독서 지도를 끝낸 것은

배움을 키우는 **교실 속 북아트**

아니다. 한 달 한 달 지날 때마다 아이들의 생각이 자라는 만큼 나도 수위를 높였다. 처음에는 만화책이든 뭐든 무조건 많이 읽고 독서카드를 모으게 하다가 4월 말이 됐을 때 '내가 읽은 책 목록'을 써 보도록 했다. 그동안 주로 어떤 책을 읽었는지 확인해 보면서 위인전, 역사, 사회, 과학 책 등 책 읽는 범위를 좀 더 넓혀 보도록 안내해 주었다.

또 5월부터는 금요일마다 5~10분 정도 짬을 내서 모둠에서 한 명씩, 그동안 읽은 책 내용과 느낌을 간단히 소개하는 '독서 발표회'도 열었다. 처음에는 읽은 책을 어떻게 발표해야 할지 몰라 책 내용을 그냥 장황하게 말하는 아이들이 많았다. 하지만 발표를 거듭해 갈수록 아이들 스스로 지루한 줄거리보다는 인상 깊은 장면이나 흥미로운 정보를 전달하는 방식으로 말하기 시작했고, 독서카드에 미리 말할 내용을 적어 가며 쓰다 보니 읽은 내용을 정리하는 능력도 향상되었다. 친구들 앞에서 발표하는 책이어서 그런지 내가 굳이 강조하지 않아도 아이들 스스로 좋은 책을 선정하려고 노력하는 모습도 보였다.

2면 북아트
접이책

필요한 재료
8절 머메이드지나 검정 도화지 1장, 8절 흰 도화지 여러 장, 풀

표지 만들기

❶ 8절 머메이드지나 검정 도화지를 준비한다.

❷ 책등을 만들기 위해 오른쪽 1cm를 남겨 두고 반을 접는다. 다시 펴서 이번에는 왼쪽 1cm를 남겨 두고 반을 접는다. 이렇게 하면 1cm 정도의 책등이 있는 책표지가 완성된다.

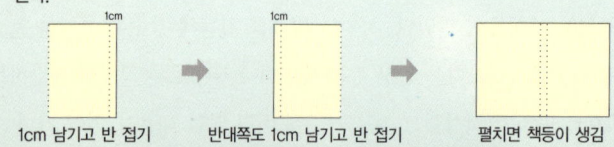

1cm 남기고 반 접기 ➡ 반대쪽도 1cm 남기고 반 접기 ➡ 펼치면 책등이 생김

❸ 책이 넘어가는 방향과 똑같이 책등 부분을 왼쪽으로 오도록 하고, 표지를 색종이, 매직, 사인펜, 색연필 등을 이용하여 꾸민다.

속지 만들기

❶ 8절 흰 도화지를 먼저 1cm 접은 후, 남은 부분을 반으로 접는다.

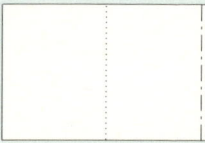

❷ 이음면은 항상 오른쪽 뒤로
오도록 접는다.

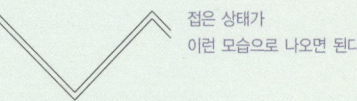

접은 상태가
이런 모습으로 나오면 된다.

❸ 표지 안쪽 왼쪽 면에 접은 도화지의 왼쪽 면을 풀칠하여 붙인다.

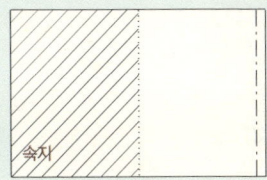

표지 안쪽

속지

❹ 수업을 할 때마다 도화지를 나누어 주고 속지를 만들게 한 후 이음면에 붙여
나갈 수 있도록 한다.

2면 북아트 100배 활용하기

국어 시간 동시 모음집

사회 시간 모둠 보고서

학급 미술 작품집 전시

2부

북아트,
교과별로
어떻게 풀어낼까

국어 수업과 북아트
사회 수업과 북아트
과학 수업과 북아트
수학 수업과 북아트
미술 수업과 북아트
북아트 직접 만들어 보기 2 4면 북아트 : 아코디언북

대개 아이들과 수업을 한 후에는 배운 결과를 말하기, 쓰기, 그리기, 몸짓 등으로 표현하게끔 이끈다. 그중에서 북아트는 쓰기, 그리기라는 표현활동과 밀접한 관련이 있다. 미술이 아닌 다른 교과에서 북아트를 활용한 수업을 할 때는 결과물로 글쓰기를 강조해야 한다. 그러나 북아트 만들기는 하나의 작품을 완성하는 것과 같아서 미술 활동도 강조하게 된다. 이러한 요인 덕분에 아이들은 수업 내용에 더 흥미를 보이고, 그 안에 들어가는 글도 정성껏 완성하려는 모습을 보인다. 북아트를 활용한 수업의 효과는 그뿐만이 아니다. 교과서를 대체하는 수업을 하려고 할 때 새로운 학습장의 구실을 하기도 하고, 딱딱한 교과 내용을 재미있게 공부할 수 있게 만들어 준다.

이처럼 북아트가 효과적인 수업 방법 중 하나인 것은 틀림없다. 하지만, 토론 수업이 아무리 좋다 해도 모든 수업에 효과가 있지 않듯 북아트도 효과적인 수업이 따로 있다. 국어 시간에 학급신문을 만들 때, 사회 교과에서 어려운 개념을 정리할 때, 과학 시간에 실험 내용을 기록할 때, 미술 작품을 색다르게 전시하거나 보관할 때 등 북아트가 유용했던 수업을 소개한다.

국어 수업과 북아트

시 지도에 활용하기

많은 교사들이 국어 교과서에 동시가 나오면 무엇을, 어떻게 가르쳐야 할지 고민한다. 동시는 정답이 있는 설명 글이나 주장 글과 달리 다양한 반응을 요구하기 때문이다. 동시를 가르치다 보면 장면을 떠올리며 그림을 그려야 할 때도 있고, 시의 내용을 일부 바꾸어 써야 할 때도 있고, 시를 이야기로 바꾸어야 할 때도 있다. 이러한 활동을 해 보려고 교과서를 들추어 보면 딱히 적을 만한 공간이 없다. 공책에 이런 창의적인 활동을 하기도 마땅치 않다. 이럴 때 북아트는 바로 사용할 수 있고 필요에 따라 다양하게 활용할 수 있다.

교실에 넘쳐나는 8절 흰 도화지를 학습지 크기의 16절로 자른 후 2면 북아트로 이어 붙여 동시 북아트를 만들어 보았다. 만드는 방법이 간단해 수업 흐름에 영향은 미치지 않으면서, 교사가 원하는 수업 내용을 마음껏 담을 수 있어서 동시 수업에 활용할 때 매우 좋았다. 아이들이 빈 종이를 부담스러워하지 않을까 걱정했는데 자기 맘대로 아무렇게나 꾸밀 수 있어 더 좋아했다.

시와 관련된 활동을 마치면 앞에 나와 발표했다. 발표를 못한 친구들을 위해 다 만든 북아트 시집은 교실 뒤편에 있는 사물함 위에 세우게 했다. 그러면 그야말로 간단한 시 전시회가 되었다. 또 수업 공개나 작품 전시회가 있을 때면 그동안 완성한 작품을 병풍처럼 길게 펼쳐서 전시했다. 북아트 작품들을 이용하니 별도로 다른 작품을 준비할 필요가 없어 참 좋았다.

어렵게 완성한 작품들을 이어 붙여 만든 북아트 모음집은 학습지를 모아 놓은 포트폴리오와 비교할 수 없다. 아이들은 학습지를 정리해 놓은 파일을 포트폴리오로 생각하지도 않고 작품집으로도 받아들이지 않는다. 하지만 북아트는 다르다. 북아트 동시집만 하더라도 예전에 만든 작품들을 다시 훑어보기도 하고 넓게 펼쳐 감상도 하면서 소중하게 대했다.

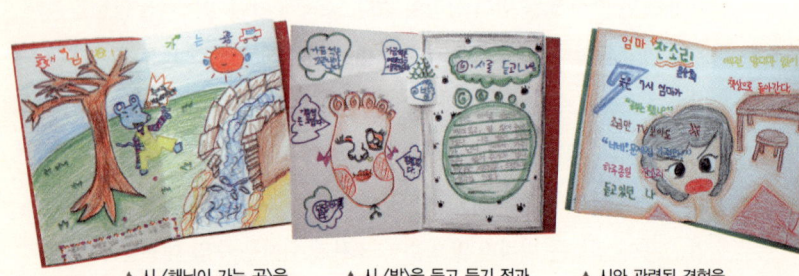

▲ 시 〈해님이 가는 곳〉을 듣고 떠오른 장면을 그렸다.

▲ 시 〈밤〉을 듣고 듣기 전과 후의 생각을 적어 비교했다.

▲ 시와 관련된 경험을 써 보게 했다.

배움을 키우는 교실 속 북아트

▲ 16절 머메이드지로 만든 동시집 표지.
제목도 마음대로 붙이게 했다.

▲ 발표를 못한 아이들은 작품을 교실 뒤에 전시해
서 감상할 수 있게 했다.

'더 나아가기' 부분에서는 2시간을 연이어 사용해 색다른 북아트 작품을 만들어 보기도 했다. 이 시간에는 정성 들여 시를 쓴 후 옮겨 쓰게 하거나 그동안 쓴 작품들 가운데 가장 마음에 드는 시를 골라 그 시가 더욱 돋보이도록 시화로 완성하게 했다.

이런 수업은 시간이 좀 걸리더라도 미적 완성도가 높은 북아트 방법을 활용했다. 휴지심을 한지 색종이로 씌운 다음 8절 도화지를 붙여 만들기도 하고, 8절 머메이드지로 만든 삼각기둥의 한 면에 TP용지(투명한 필름 용지)를 붙여 사용하기도 했으며, TP용지 3장을 둥글게 말아 구멍을 2개 낸 후 리본으로 묶어 전시하기도 했다. 똑같은 동시 북아트지만 좀 더 완성도가 높은 작품으로 만들었더니 아이들이 집에 가져가서 부모님께 보여 드리고 싶다고 졸라 댈 정도로 만족해했다.

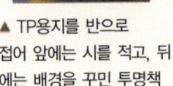

▲ 8절 머메이드지에
TP용지를 덧대어 안이
보이도록 한 프리즘책

▲ TP용지를 반으로
접어 앞에는 시를 적고, 뒤
에는 배경을 꾸민 투명책

▲ 휴지심에
한지를 만 후 8절 도화지
를 붙여 만든 휴지심책

이야기 지도에 활용하기

북아트는 시뿐만 아니라 이야기를 지도할 때에도 효과적이다. 나는 저학
년이든 고학년이든 《누구 그림자일까?》(최숙희, 보림, 2004)라는 책을 가
장 먼저 읽어 주곤 한다. 이 책은 한 사물과 닮은 그림자를 제시하여 어
떤 사물인지 추측해 보고 종이를 들추어 보면 전혀 다른 동물이 나오는
그림책이다.

이 책을 읽고 나서 우리도 이 책처럼 재미있는 퀴즈를 내 보자고 했더니
아이들이 신나게 독후 활동을 했다. 이 책에서 사용한 효과를 그대로 사
용할 수 있도록 안내해 주었다. 2면
북아트 방법을 활용하되 접히는 부분
에 팝업을 넣어 주는 방식이다.

동화책 《누구 그림자
일까?》이다. 장화처럼
보이는데 책장을 넘기
면 불독이 나온다.

다 꾸민 아이들은 친구들 앞에서 자
기가 그린 그림을 보여 주며 "누구
그림자일까?" 하고 묻고 친구들이 답
하는 시간을 가졌다. 아이들이 어찌

《누구 그림자일까?》 책의 아이디어를 본떠서 꾸미고 발표하는 수업을 했다.

나 재미있어하던지 쉬는 시간은 물론이고 다음 시간까지 넘기면서 수업을 했다. '들추기'라는 북아트 기법 하나를 이용했을 뿐이지만 정말 재미있는 수업이 되었다.

교과서에 나오는 이야기들도 간혹 학습지가 필요할 때가 있다. 예를 들어, 읽기 교과서에서는 '등장인물에게 하고 싶은 말을 편지로 쓰기' '이어질 이야기를 상상하여 쓰기'와 같은 활동을 해 보도록 안내하고 있지만 막상 활동을 할 공간은 부족하다. 이 경우 8절 도화지 1장만 있으면 학습지를 따로 만들지 않아도 다양한 활동을 할 수 있다.

이야기 북아트는 동시 북아트와 달리 팝업을 넣어 좀 더 입체적인 느낌을 주었다. 이때 도움이 많이 된 책이 《책 만들며 놀자》(곽계현, 문화숲속예술샘, 2006)였다. 북아트를 활용한 수업을 할 때마다 '따내기' '들추기' '파내기' '코·입술 팝업' '무대 팝업' 등 약간씩 변화를 주어 글쓰기 활동을 하게 했다. 아이들이 오리고 꾸미는 활동을 귀찮아하지 않을까 걱정했지만 아이들은 가위질 한두 번에 달라지는 종이를 보며 재미있어했다.

교과서에 나온 이야기를 읽고 입체 팝업을 활용해 북아트를 만들었다. 2면 이어 붙이기
북아트에서 사용할 수 있는 간단한 팝업 효과들은 《책 만들며 놀자》에 다양하게 소개되어 있다.

이야기 수업에서 '더 나아가기'를 가르칠 때에도 북아트를 통해 쉽게 풀
어냈다. 국어 교과서의 '더 나아가기'를 보면 이야기 두 편을 제시한 후
한 편을 골라 활동하기가 있다. 이때 1시간에 한 편씩 이야기를 배우다
보면, 실제 해야 할 목표 활동보다는 글을 읽고 내용을 이해하는 수준의
겉핥기 활동으로 끝나게 된다.

나는 이러한 선택 활동이 나오면 두 이야기를 간단히 읽고 내용을 파악
한 후에 마음에 드는 이야기 하나를 골라 목표 활동을 하게 했다. 이러한
선택 수업을 할 때면 똑같이 8절 도화지 1장을 준 후 그날 할 북아트 방
법을 가르쳐 주고, 각자 자기가 선택한 이야기로 북아트를 만들도록 안
내했다. 굳이 이야기 제재에 따라 학습지를 따로 만들지 않아도 서로 다
른 학습지를 아이들 스스로 만들어 쓰는 셈이 된다.

5학년 1학기 읽기 교과서 다섯째 마당 '더 나아가기'에는 〈옥수수 빵〉과 〈양초 도깨비〉를 읽고, 이야기 하나를 선택하여 '예측하기'와 '인물에게 편지 쓰기' 활동을 하도록 안내하고 있다. 이때 북아트를 활용하면 따로 학습지를 만들지 않아도 각자 하고 싶은 활동 한 가지를 골라 목표 활동을 할 수 있다.

학급신문 만들기

만약 국어 교과서에 학급신문을 만들라는 활동이 나왔다고 해 보자. 어떻게 수업을 진행할까? 대개 모둠별로 4절 도화지나 머메이드지를 나누어 주고 알아서 꾸미도록 할 것이다. 이때도 북아트를 써서 좀 더 쉽고 재미있게 수업을 풀어 나갈 수 있다.

5학년 2학기 말하기듣기쓰기 교과서에 신문 만들기 활동이 있다. 신문의 특징을 알고 신문을 만들어 보는 내용이다. 책에서는 컴퓨터를 이용하도록 권장하고 있지만 학교 사정상 컴퓨터실에는 1주일에 한 번밖에 갈 수 없어 불가능했다. 그래서 우리 반은 북아트로 모둠 신문 만들기 수업을 했다.

첫 시간에는 신문의 특징과 신문을 만들 때 유의할 점, 신문 기사 쓰는 방법 등을 교과서를 통해 간단히 배웠다. 나머지 시간은 아이들이 신문 만들기 과정을 체험해 볼 수 있도록 북아트로 모둠 신문을 만들어 보자고 했다.

먼저 4절 머메이드지 1장, 8절 흰 도화지 2장을 나누어 준다. 머메이드지를 반으로 접은 후 양쪽 면에 8절 도화지 2장을 반을 접은 상태에서 붙여 주면 신문의 형태가 만들어진다. 모둠별로 가장 열심히 한 모둠은 보상해 주겠다고 했더니 표지부터 공들이는 모습이 역력했다. 어떤 모둠은 좀 더 멋지게 완성하기 위해 집에까지 가져가서 표지를 만들어 오기도 했다.

다음 2시간은 신문의 지면 설정 방법에 대해 다시 한 번 이야기해 준 다음, 어떤 기사를 쓸 것인지 글감을 정하도록 했다. 우리 학급에서 있었던 일뿐 아니라 읽은 책, 교과서에서 배운 내용, 퀴즈, 유머, 인터뷰 기사도 글감이 될 수 있다는 것을 안내해 주었다. 글감을 정한 모둠은 서로 역할을 나누어 신문 기사를 색종이 위에 써서 함께 붙여 나가도록 했다.

마지막 2시간은 아직 마무리가 덜 된 부분을 살펴보며 완성도를 높이는 시간을 가졌다. 어떤 모둠은 신문 기사를 더 채워 넣기도 하고, 어떤 모둠은 그림이나 종이접기로 꾸미기를 보충하기도 했다. 북아트 모둠 신문을 완성한 다음에는 서로 돌려 보며 감상하는 시간도 갖고 가장 잘한 모둠을 선정해 보상도 해 주었다. 6시간이나 걸려 완성한 작품이니만큼 모둠별로 기념사진도 찍어 주었다.

6시간 동안 아이들은 서로 의논하고 협동하며 완성도가 높은 신문을 만들어 냈다. 신문에 들어가는 내용도 퀴즈, 교과 관련 학습, 우리 반에서 있었던 일, 인물 취재 같은 다양한 내용이 들어갔다. 우리 반은 통합학급이라 글을 모르는 친구가 한 명 있었는데 그 친구가 그린 그림도 신문에 붙여 주면서 누구 하나 소외되는 아이 없이 수업을 했다. 나도 아이들도 모두 만족스러운 수업이었다.

학급신문을 북아트로 만들어 보는 것도 해 볼 만하다. 4학년 2학기 말하기듣기쓰기에는 육하원칙에 따라 신문 기사를 써 보도록 안내하는 단원이 있다. 우리 반은 국어 교과서에서 제시한 신문 기사 쓰기 활동을 그대로 따라하지 않았다. 대신 진짜 신문을 보며 각 지면들이 어떻게 구성되어 있는지를 살펴보고, 어떻게 학급신문의 지면을 나누면 좋을지 함께 정하는 시간을 가져 보았다. 그러고 나서 모둠별로 정치면, 사회면, 독서면, 학습면, 문화면, 특집 기사면 중 하나를 맡도록 했다.

모둠별로 주제를 정한 후에는 주제 안에서 가능한 기사감들을 자유롭게 이야기해 보는 시간을 가졌다. 그리고 자신 있게 쓸 수 있는 글감 하나를 정하여 기사로 쓰게 한 후 친구들과 바꾸어 가며 평가도 했다. 마지막으로 4절 머메이드지를 모둠별로 나누어 준 후에 각자 쓴 기사를 색종이에 옮겨 써서 어울리

6시간에 걸쳐 완성한 모둠 신문 북아트이다. 4절 머메이드지와 흰 도화지를 이용해 만들었다.

각자 쓴 신문 기사를 색종이에 옮겨 적고 나면, 모둠원이 함께 모여 머메이드지에 어울리게 붙여 꾸민다. 그러고 나서 이를 모아 함께 이어 붙이면 멋진 북아트 학급신문이 완성된다.

게 붙여 꾸미도록 했다. 모둠마다 완성한 신문을 함께 이어 붙이면 학급
신문이 된다.

대개 학급신문은 컴퓨터로 편집하거나 커다란 평면 종이에 붙여 만드
는 것이 보통이다. 그러나 간단한 2면 이어 붙이기 북아트 방법을 통
해 각자 쓴 기사들을 학급신문으로 만들어 보니 색다른 신문이 완성되
었다.

국어사전 북아트 활용하기

4학년 1학기 읽기 교과서 셋째 마당에는 국어사전을 이용해 낱말 뜻을 찾아보는 활동이 있다. 글을 읽고 어려운 낱말을 국어사전에서 찾아 써보는 활동이다. 국어사전을 찾는 활동은 비단 이 시간에만 필요한 것은 아니다. 모르는 낱말이 많아 고생하는 경우는 국어보다는 사회나 과학 시간에 더 많다. 특히 단원 평가 시험을 볼 때면 낱말 뜻을 몰라 질문하는 아이들이 많다.

이 때문에 항상 국어사전을 찾아보는 습관을 가질 수 있도록 8절 색 도화지 4장을 가지고 전화번호부 형태를 본떠서 '국어사전 북아트'를 만들기로 했다.

먼저 도화지 4장을 똑같이 반으로 접은 다음 왼쪽을 스테이플러로 고정해 준다. 그러고 나서 겉표지 1장만 뺀 뒷장들의 오른쪽 1cm를 살짝 접었다 편다. 접은 부분을 첫 장은 4cm만 남기고 잘라 버리고, 두 번째 장은 8cm, 세 번째 장은 12cm 남기고 자르면 전화번호부처럼 오른쪽에 계

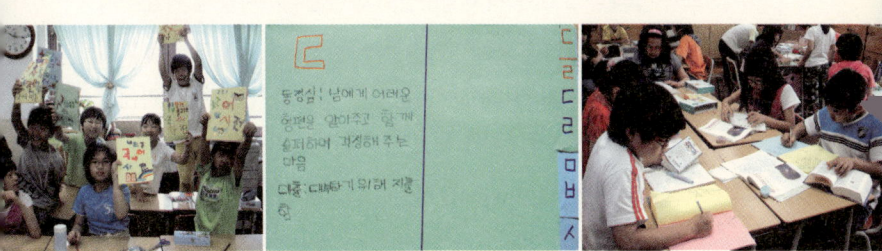

8절 색 도화지 4장을 가지고 전화번호부 형태를 본떠서 '국어사전 북아트'를 만들었다. 국어 시간에 처음 시작했지만 사회, 과학 시간에도 유용하게 활용했다.

단이 만들어진다. 그 공간에 'ㄱ, ㄴ, ㄷ, ㄹ…'의 순서로 페이지를 정한 후 모르는 낱말이 나오면 낱말 뜻을 사전에서 찾아 정리하면 나만의 사전이 완성된다.

처음에는 국어 시간에 활용하는 것으로 시작했다. 그러다 점차 사회나 과학 시간에도 그날의 핵심 용어나 어려운 낱말이 있으면 사전을 찾아보고 국어사전 북아트에 정리한 후 수업을 하기도 했다.

우리 반은 시험 볼 때도 국어사전을 활용하도록 했다.

"선생님, 손실이 뭐예요?"

"왜 그 낱말 뜻을 나에게 묻니? 낱말 뜻을 가장 잘 설명해 주는 게 뭐지?"

"국어사전이요. 그런데 지금 시험 보는 거잖아요."

"국어사전에 답이 나와 있는 것은 아니잖아. 그 낱말 뜻을 몰라서 틀려서는 안 되지. 선생님이 열 셀 테니까 국어사전 필요한 사람 가져와라."

교수들에게 교수법을 강의하는 조벽 교수는 《조벽 교수의 명강의 노하우 & 노와이》(해냄, 2001)에서 대학생들이 공식을 외우지 못해 시험을 치르지 못하는 일이 없도록 공식이 빼곡하게 적힌 옷을 입고 시험을 보게 했다고 적고 있다. 우리 반 역시 어려운 낱말 때문에 아이들이 평가에서 손해를 보지 않도록 국어사전을 들고 시험을 보도록 했다. 아이들은 시험을 보면서 모르는 낱말이 나오면 사전을 열심히 찾았다.

사회 수업과 북아트

학년을 마칠 때쯤 그동안의 북아트 수업을 아이들과 함께 반성해 본 적이 있다. 아이들은 '북아트로 공부하면 기억에 많이 남아 좋다.'라는 대답을 많이 했고 '그토록 싫어하던 사회 공부가 재미있어졌다.'는 반응도 상당히 많이 나왔다. 아이들은 북아트로 공부해서 가장 도움이 되는 교과로 사회를 꼽았다.

사회 학습 내용 정리하기

'도시와 촌락' 단원, 양면대문책으로 지도하기

사회 교과에서 학습한 내용을 정리할 때 가장 간단하고 쉬운 방법은 2면 북아트를 활용하는 것이다. 하지만 한 학기 동안 한 가지 방법만을 사용하면 다소 식상하기도 하고 담을 내용도 많아져 관리가 힘들어진다. 그래서 나는 사회 북아트는 단원별로 다르게 만들어 사용했다. 이때 북아트 모양은 사회 교과 내용을 살펴보면서 그 내용을 이해하기에 가장 유용한 방법으로 정했다. 예를 들어, 5학년 1학기 사회 교과서에는 '도시와 촌락' 이라는 단원이 있다. 이 단원의 내용을 훑어보니 도시와 촌락의 특징을 비교하며 이해하는 구조로 짜여 있었다. 이러한 내용에 딱 맞는 북아트 방법이 뭘까 고민하다가 《창의적인 글쓰기로 아름다운 책 만들기》(박경순, 한울림어린이, 2005)에 나온 '프렌치 도어북' 을 사용해 보기로 했다. 프렌치 도어북을 우리말로 바꾼다면 '양면대문책' 정도가 될 것 같다. 표지를 양면대문 형태로 만들어 그 안에 얇은 종이로 부채접기를 하여 붙인 후, 그 위에 각각의 종이를 붙여 나가면서 완성하는 책이다.

이 수업을 위해 단원 도입 시간에 책의 구조를 미리 접어 놓고 표지를 꾸미게 했다. 그러고 나서 사회 교과서의 목차를 보며 겉표지 안쪽의 왼쪽과 오른쪽에 도시와 촌락에서 배울 내용의 목차를 각각 정리해서 쓰게 했다. 도시와 촌락의 내용 비교가 더 눈에 띄도록 도시는 노란색 종이를, 촌락은 파란색 종이를 사용해 정리하도록 했다. 북아트 안에 들어갈 내

5학년 1학기 '도시와 촌락' 단원에서 만든 양면대문책이다. 도시와 촌락을 비교·대조하면서 정리하도록 했다.

용은 수업시간이 끝날 무렵에 종이를 나누어 준 후 배운 내용을 스스로 정리해서 붙여 가는 방식으로 진행했다.

이렇게 총 18시간 동안 계속 종이를 1장씩 나누어 주며 배운 내용을 정리하게 했더니 드디어 양면대문책이 완성되었다. 마지막 단원 정리 시간은 도시와 촌락의 내용을 북아트를 보며 비교하는 시간을 가졌다. 예를 들어, 도시의 생활과 촌락의 생활을 비교하고 싶으면 해당 내용을 정리한 쪽을 같이 펼쳐 놓고 보는 방식이다.

피아제의 인지발달 이론에 따르면 초등학교 아이들은 구체적 조작기에 해당한다. 도시와 촌락의 특징을 알고 비교하는 내용이 단원의 목표라고 하더라도 하나하나 동떨어진 내용으로 접근하면 아이들은 그 내용들을 무의미하게 머릿속에 쌓아 둘 뿐이다. 양면대문책은 단원 내용을 비교 · 대조 구조로 정리함으로써 아이들이 도시와 촌락 단원의 내용을 효과적으로 공부하는 데 도움을 주었다.

'우리 겨레의 생활문화' 단원, 주머니책과 아코디언북으로 지도하기

5학년 사회 마지막 단원은 우리 조상들이 남긴 문화재를 통해 멋과 슬기를 느껴 보는 내용이다. 사회 시간에 하는 마지막 북아트가 될 것 같아서 아이들에게 가장 멋진 북아트를 만들게 해 주고 싶었다. 그래서 생각해 낸 것이 색종이 여러 장을 겹쳐 만드는 주머니책이었다. 형태를 보니 쪽마다 생기는 4칸에 각각의 문화재를 만들어 넣어 문화재 박물관으로 꾸며 보면 좋겠다는 생각이 들었다. 한편으로는 작고 네모난 아코디언북도 함께 활용하면 좋겠다는 생각도 들었다. 주머니책은 쓸 양이 많아 남자 아이들이 글을 쓰기 힘들어하지 않을까 걱정이 되었기 때문이다. 아코디언북은 주머니책처럼 재미있는 형태는 아니지만 쓸 양에 대한 부담이 적고 귀여운 느낌도 주었다.

결국 나는 아이들이 책의 형태를 선택해서 만들게 하자는 쪽으로 결정했다. 단원 도입 시간에 두 책을 보여 주었다.

"얘들아, 이번 단원에서는 조상들의 여러 가지 문화재를 배울 텐데 선생님이 이 책에 어울리는 북아트를 2가지 생각해 봤거든. 첫 번째는 주머니책이야. 이 책은 만드는 건 쉬운데 쓸 양이 좀 많아. 그러니 쓰는 것을 싫어하는 사람은 이 책은 피하는 것이 좋겠다. 그리고 이 책도 한번 볼래? 이 책은 아코디언북이야. 자~ 이렇게 주욱 늘어나지. 이 책은, 딱 보면 알겠지만, 칸이 작아서 쓰기에 부담이 적어. 하지만 만들기는 조금 까다로울 거야. 어떤 책을 만들지는 너희들이 선택해. 준비물은 꺼내 놓았으니 알아서 만들고 싶은 책의 준비물을 챙겨 가렴."

나름 수준별 북아트 수업이었다고나 할까. 2가지 책 만드는 방법을 함께 설명하고, 아이들이 선택한 책을 각각 만들어 나갈 수 있도록 도와주었다. 두 책 모두 표지는 색 하드보드지로 만들기로 하고 각각의 크기를 칠판에 안내해 주었다. 아이들은 각자 마음에 드는 색의 하드보드지를 가져가서 자로 잰 후 잘라 표지를 만들었다. 한쪽에서는 주머니책을 만드는 동안 다른 한쪽에서는 아코디언북을 만들었다. 이렇게 2시간 동안 아이들은 자기가 선택한 북아트를 각자 다른 방법으로 만들었다.

'우리 겨레의 생활문화'를 공부할 때 주머니책과 아코디언북 중 하나를 선택해 만들게 했다. 굳이 아이들 모두 똑같은 책을 만들지 않아도 함께 지도가 가능함을 보여 준 시간이었다.

아코디언북은 104 쪽, 주머니책은 174쪽에 만드는 방법이 소개되어 있어요.

수업을 할 때에는 그 시간에 배운 여러 가지 문화재 중 가장 인상적인 문화재 4가지를 뽑아 북아트에 정리해 나가도록 했다. 주머니책을 고른 여자아이들은 나름대로 공간이 넓어서 설명도 쓰고 그림도 그리니 좋아했고, 아코디언북을 고른 남자아이들은 사진과 간단한 설명만 넣어도 책이 예쁘게 만들어지니 만족해했다.

개념으로 사회 공부하기

경제 단원, 보일러북으로 지도하기

'5차원 독서법'과 관련된 강의를 들은 적이 있다. 속해독서, 글 분석하기, 사선치기, 고공학습 등 다소 낯선 용어들을 사용해 책 읽는 방법을 지도하는 강좌였다. 그중 흥미롭게 들은 내용 중 하나는 '개념 심화 학습법'이었다. 정보가 담긴 글을 읽고, 중요한 낱말이지만 그 의미가 아직 명확하지 않은 낱말에 네모를 쳐서 표시해 두고, '상상하기' '사전 찾기' '묵상하기' '문장 만들기' 등을 통해 그 중심 개념을 이해하는 학습법이다.

마침 우리 반은 사회 시간에 경제와 관련된 내용을 다루고 있었다. 경제와 관련된 낱말이나 개념이 어려워서 그런지 평소와 달리 수업시간에 아이들이 소극적이었다. 아이들에게 5차원 독서법이라는 방법을 소개해 주면서 이번 경제 단원은 '개념 심화 학습법'이라는 새로운 방법을 사용해 배울 것이라고 미리 안내해 주었다.

수업을 시작하는 단원 도입 시간에 책의 기본 형태를 만들고 표지를 꾸미게 했다. 이번 북아트 제목은 '사회개념용어사전'. 매시간 개념을 중심으로 배우고 정리하기로 한 단원이라 쓸 내용은 그다지 많지 않은 반면 개념마다 따로 구분해 정리할 필요가 있을 것 같았다. 그래서 책의 형태는 4절 흰 도화지를 접어 16면 보일러북으로 만들도록 하고 매시간 한두 쪽씩 개념을 정리할 수 있도록 했다.

개념을 정확히 짚어 가며 공부할 수 있도록 하기 위해 사회 시간에는 개념 심화 학습법의 절차를 따라 진행해 보았다. 먼저 첫 번째 '상상하기' 단계에서는 사회 교과서를 읽고 중심 개념에 해당하는 낱말을 같이 찾아본 후에 낱말 뜻을 짐작해서 쓰게 했다. 그러고 나서 짐작한 뜻을 서로 말하는 시간을 가지며 어떤 친구가 설명한 뜻이 더 적절한지 이야기해 보도록 했다.

그 다음은 정확한 뜻을 알기 위한 '사전 찾기' 단계이다. 이 단계에서는 국어사전에서 설명하고 있는 낱말의 뜻을 그대로 적어 보게 했다. 글자는 같지만 뜻이 다른 낱말도 꽤 있었는데, 미리 사회 책을 읽고 나서 하는 활동이어서 그런지 아이들끼리 이야기를 주고받으며 적절한 낱말 뜻을 잘 찾아냈다.

가장 중요한 부분은 '정리하기' 단계였다. 이 단계는 다시 사회과 탐구에서 관련된 부분을 읽어 가며 중심 낱말이 실제 어떻게 사용되었는지 선생님과 함께 이야기해 보는 시간이었다. 예를 들어, 교과서만 보면 '지출'과 '소비'라는 낱말이 비슷한 뜻으로 쓰여 아이들이 같은 뜻으로 이해하기 쉽다. 그러나 실제 사전을 찾아보면 지출은 목적을 가지고 돈을 쓰는 행동을 말하고, 소비는 돈뿐만 아니라 시간이나 노동에도 사용할수 있는 좀 더 광범위한 낱말이라고 돼 있다. 이처럼 '정리하기'는 교과서에서 반복되는 중요한 낱말이나 헷갈리는 단어들을 찾아 명확한 개념을 인지하는 시간이었다.

여기까지 마치고 나서 아이들에게 새로 알게 된 내용을 중심으로 낱말의 뜻을 그림으로 그리도록 했다. 글로 쓰지 않고 굳이 그림을 그린 까닭은 글보다 그림이 더 많은 의미를 담을 수 있고 기억도 더 오래간다는 연구 결과 때문이었다.

끝으로 중심 낱말을 넣어 문장 만들기를 했다. 내가 이해한 중심 낱말의 개념을 바탕으로 그 낱말이 들어가는 짧은 문장을 만들어 보게 했다. 이러한 수업 과정을 거쳐 아이들에게 문장 만들기를 시켜 보면 신기하게도 수업의 핵심 내용을 문장으로 정확히 만들어 쓰는 경우가 많았다. '인간의 욕망은 끝이 없다.' '자원은 한정되어 있다.' '물건을 살 때 현명한 선택은 매우 중요하다.' 등이 그 예이다.

16면 보일러북에 '개념 심화 학습법'을 적용하여 경제 단원 수업을 했다.

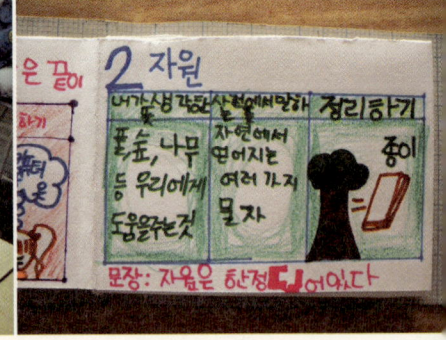

이처럼 중심 낱말에 대한 개념 심화 학습을 통해 수업을 해 나갈 때 보일러북은 매우 유용했다. 한 쪽당 한 낱말을 정리하기에 공간도 적당했고, 그림도 자유롭게 그릴 수 있으며, 필요하면 도화지를 더 붙여 쓸 수도 있기 때문이다.

개념 심화 학습법은 나도 한 번도 경험해 보지 못한 수업 방법이어서 걱정을 했다. 하지만 아이들이 사회 수업 중에서 가장 재미있고 도움이 되었다고 손꼽았을 만큼 반응이 좋았다.

16면 보일러북 만들기

❶ 8절 흰 도화지를 세로로 길게 접어 4등분이 되도록 한다.

❷ 가로로 다시 4번 접어 16면이 나오도록 한다.

❸ 접은 종이를 위와 같은 모양이 나오도록 가위로 자른다.

❹ 자른 종이를 지그재그로 계속 접어서 책 모양이 나오게 한다.

❺ 색 마닐라지를 이용하여 ④에서 접어 놓은 책 크기보다 조금 크게 표지를 만든다. 앞, 뒤표지는 속지보다 가로, 세로를 0.5cm 여유 있게 잡고, 가운데 부분에 책등을 1~2cm 잡아 주면 된다.

사회 수행평가에 활용하기

인천의 역사, T-갈라접기책으로 지도하기

수행평가는 수업과 별도로 이루어지는 것이 아니라 아이들이 수업시간에 하는 수행을 자연스럽게 평가하는 방법이다. 그런데 대부분 이런저런 이유 때문에 수행평가를 위한 학습지를 따로 만들어 평가한다. 결국 또 다른 시험이 되고 마는 셈이다.

학교에서 하는 사회 수행평가 내용을 보니 인천의 역사 보고서를 써서 평가하는 내용이 있었다. 만약 이 활동을 수행평가 용지로 내 주거나 그냥 써 오게 하면 아이들이 어떻게 할지는 불 보듯 뻔하다. 수행평가 용지라면 대충 몇 줄 써 오는 아이들이 많을 거고, A4 용지에 해 오라고 하면 인터넷에 있는 자료를 그대로 출력해서 오는 아이들이 많을 것이다.

나는 이번에 사회 교과서와 인천의 생활 교과서를 읽고 보고서를 쓰는 방법을 알려 주기로 했다. 이럴 때는 A4 용지보다는 보고서 내용에 딱 어울리는 북아트를 활용하면 더 체계적으로 지도할 수 있다. 어떻게 만들까 고민하다가 8절 머메이드지를 이용하여 T-갈라접기책과 비슷한 형태의 책을 만들기로 했다.

먼저 인천의 역사 단원에 들어가기 전에 이 시간에 쓸 책의 형태를 만들었다. 형태가 간단해서인지 10분 이내에 다 완성했다. 제목은 마음껏 정하게 했다. 아이들은 어떤 제목으로 할까 고민한 후에 표지를 예쁘게 꾸미기 시작했다. 여기까지가 첫날 한 활동이다. 나는 북아트를 한번 만들면 한참 동안 사용하기 때문에 단원을 시작하는 첫날은 아이들에게 충분히 시간을 줘서 만들게 한다. 그렇게 해야 작품의 완성도도 높고 아이들도 그 책에 대한 만족감을 크게 느끼기 때문이다.

둘째 날부터는 교과서 진도를 나가면서 인천의 역사와 관련된 부분은 북아트에 정리해 나갔다. 첫 수업은 '인천 역사의 시작'이었다. 인천은 주몽의 아들인 비류가 문학산성에 미추홀 왕국을 세우면서 시작되었다는 내용이다. 먼저 이와 관련된 이야기를 주고받은 후, '인천 역사의 시작'이라는 제목을 쓰게 한 다음 교과서에서 문학산성 사진을 오려서 붙이게 했다. 그리고 '인천의 역사는 주몽의 아들 (   )가 (   )에 (   )이라는 나라를 세우면서 시작되었다'는 내용을 칠판에 적어 주고, 괄호 안에 들어갈 내용을 생각하여 쓰게 했다.

두 번째 수업은 '인천 변천의 역사'였다. 시대별로 인천의 이름이 달라졌음을 직접 연표를 그리면서 정리하게 했다. 세 번째 수업은 '인천의 행정구역상의 변화'로 인천의 생활과 사회 교과서에서 지도를 오려 붙인 후 문제를 내고 아이들이 정리하게 하는 방식으로 수업을 진행했다. 인천 개항의 역사와 인천의 유형문화재, 무형문화재도 교과서에서 사진을 오리고, 필요한 내용을 찾아 정리하게 했다.

이렇게 6시간에 걸쳐 인천의 역사 보고서를 완성했다. 사회 수업을 하고 정리하는 것은 예년과 같은데 보고서라는 형식에 초점을 맞추어 조금 다르게 수업을 진행했다. 그리고 정리한 북아트 보고서는 사회 수행평가로 활용했다.

T-갈라접기책과 비슷하지만 가위질하는 부분을 약간 바꾸어 '인천의 역사'에 대한 책을 만들었다. 원래는 접히는 부분의 가운데 두 면을 잘라야 하지만, 기다란 연표를 그리고 여러 지도를 한꺼번에 붙여 설명할 수 있도록 오리는 곳을 달리해 보았다.

북아트 수업을 하면 대부분 기존에 누군가 만들어 놓은 북아트 작품을 보며 어떻게 활용할까 고민한다. 나는 수업 내용을 먼저 살피고 그 내용을 어떻게 담아내면 좋을까 고민한다. 출발점이 다른 것이다. 이미 만들어 놓은 북아트 중 적당한 방법이 없으면 내 마음대로 만들어 사용한다. 예를 들어, 인천의 역사 북아트도 가장 기본적인 8면 북아트인 T-갈라접기책을 가위질하는 곳만 바꾸어 만들었다. 책의 구조가 수업 내용에 적합하지 않았기 때문이다.

북아트에 대해 동료 교사들과 이야기하다 보면 이렇게 하찮게 만든 모양조차도 어디서 보고 만든 것이냐는 질문을 하곤 한다. 내가 하고자 하는 수업 내용에 딱 맞는 북아트 방법이 항상 있을 리 없다.

내가 아는 기본 접기 방법에 더해 수업 내용에 따라 약간의 변형을 주는 것. 그것이 내가 가진 노하우라면 노하우이다.

> T-갈라접기책은 162쪽에 만드는 방법이 소개되어 있어요.

배움을 키우는 교실 속 북아트

우리 조상들의 여가 생활, 갈라접기책으로 지도하기

4학년 2학기 '가정 생활과 여가 생활' 단원을 보면 조상들의 여가 생활에 대해 알아보고, 이를 기준에 따라 분류해 보고서를 작성하는 수행평가가 있다. 학습지처럼 생긴 수행평가 용지를 나누어 주면 성실한 아이들은 학습지 앞뒤로 빽빽하게 채워 오지만, 그렇지 않은 아이들은 학교에 와서 대충 아무렇게나 써서 내거나 아예 잃어버리고 내지 않을 때도 있다. 보고서 쓰기 숙제는 4학년 아이들에게 매우 어려운 수행 과제이다 보니 부모님의 도움 없이 제대로 해내기 어려운 경우가 많다. 그래서 이런 수행평가는 직장에 다니지 않으면서 아이의 교육에 관심이 많은 부모를 둔 아이들이 높은 점수를 받기 십상이다.

이런 수행평가가 있을 때면 우리 반은 어김없이 또 하나의 북아트를 만든다. 내용을 먼저 훑어보니 조상들의 여가 생활을 남자와 여자, 어른과 아이, 양반과 서민, 계절이나 명절, 옛날과 오늘날이라는 5가지 기준에 따라 분류하는 보고서를 만들어야 했다. 주제별로 비교하기도 쉽고 쓸 지면도 10개나 되는 북아트 방법이 무엇일까 고민하다가 8면 북아트를 변형한 '갈라접기책'이라는 북아트 방법을 찾았다.

먼저 표지를 꾸미게 한 후, 첫 번째 기준으로 '어른과 아이'를 제시하면서 조상들의 여가 생활을 어떻게 이 기준에 따라 정리할 수 있는지 방법을 알려 주었다. 그리고 나서 직접 아이들이 교과서에서 정보를 찾아 기준에 해당하는 그림을 찾아 오려 붙이고, 관련된 내용을 찾아 정리하도록 했다. 이때 오려 붙인 그림이 어떤 여가 생활인지에 대한 설명은 국어

사전에서 뜻을 찾아 정리할 수 있도록 안내하기도 했다.

남은 4가지 주제는 각 기준별로 10~15분 정도의 시간을 주고 스스로 정리하게 했다. 이렇게 시간을 나누어서 한 까닭은 한꺼번에 다 할 경우 아이들이 쉽게 지치고, 학습 능력이나 집중력이 떨어지는 아이들은 처음에는 열심히 하지만 나중에는 대충 해 버리기 때문이다. 아이들은 교과서에서 관련 그림을 찾아 오리기도 하고, 자기가 미리 준비해 온 과제물을 보며 분류하기도 하고, 국어사전에서 여가 생활의 뜻을 찾아 적기도 했다. 이렇게 교사가 방법을 자세히 안내한 후에 함께 만드는 보고서는 어떤 아이든지 일정한 수준 이상으로 완성해 낸다.

▶ 갈라접기책은 8면 북아트를 변형해 16면으로 만드는 책이다.

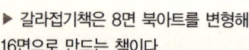

▲ 가장 먼저 완성한 지혜의 북아트 작품이다.　▲ 조상들의 여가 생활에 대한 북아트 표지들이다.

　배움을 키우는 교실 속 북아트

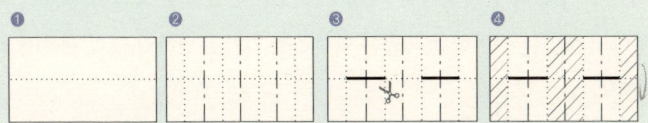
모둠 보고서 쓰기에 활용하기

석탑 연표와 역사 지도 만들기

사회 수업을 하다 보면 모둠별로 보고서를 작성해야 하는 활동이 제법 많이 있다. 사회 교과서에 들어 있는 지식을 중심으로 강의식 수업을 하다 보면 이러한 모둠 활동들은 그냥 지나쳐 버리는 경우가 많다.

일반적으로 모둠 보고서는 4절 흰 도화지나 머메이드지를 써서 만든다. 이 경우 대부분 각 모둠에서 나름 똑똑하고 꾸미기를 잘하는 여자아이들이 주축이 되어 자리 잡고 앉으면 다른 여자아이들은 그 옆에 앉아 돕는 역할을 하게 된다. 이때 아무리 열심히 해 봐야 구박이나 받는 남자아이들은 따로 역할이 없다 보니 장난을 치는 경우가 많아 항상 고자질의 대상이 되곤 한다. 처음 약속한 시간은 넘기기 일쑤고 완성된 작품도 들인 시간에 비해 썩 만족스러워 보이지 않는다. 일반 모둠 보고서 만들기 활동에서 생기는 이러한 문제들은 역할 나누기가 분명하지 않기 때문에 발생한다.

이러한 문제를 극복하기 위한 방법으로 북아트 모둠 보고서를 제안하고 싶다. 일반적인 평면 보고서와 달리 북아트 모둠 보고서는 어떻게 접는 가에 따라 2면, 또는 6면으로 만들 수 있다. 이는 한 명이 중심이 되어 하게 될 활동을 둘에서 여섯까지 함께하며 각자 역할을 수행하게 됨을 뜻한다.

우리 반에서 처음으로 만든 북아트 모둠 보고서는 '2면 이어접기 북아트'였다. 만드는 활동이 아니라 수업 내용에 아이들이 집중하도록 하기 위해 가장 간단하게 접는 방법을 선택했다. 먼저 4절지의 반을 접은 후에 접은 면의 오른쪽에는 빈 지도 하나를 그린 다음 모둠별로 1장씩 나누어 주었다. 그리고 왼쪽에는 석탑 연표를 원하는 모양대로 자유롭게 그려서 완성하고 오른쪽 지도에는 석탑 그림지도를 만들어야 한다고 안내했다.

채워야 할 내용뿐 아니라 그 내용을 채우기 위해 역할을 나누는 방법도 제시했다. 해야 하는 활동이 2개이므로, 남학생과 여학생이 각각 섞이게 둘씩 짝을 지어 연표와 그림지도를 맡아 완성하고, 남은 한 명은 제목을 꾸미거나 필요한 정보를 교사용 컴퓨터에서 검색해 출력해 오는 역할을 맡았다. 여러 개를 이어 붙이면 더 많은 아이들이 함께할 수 있다. 이처럼 보고서 내용을 나누고 역할을 명확하게 정해 주었더니 그동안 방관자

모둠별로 4절 도화지를 반으로 접어 나누어 준 후 석탑 연표와 석탑 그림지도를 완성하게 했다. 반을 접어 2면으로 나눈 것뿐이지만 역할 분담이 잘 이루어져 협동도 더 잘 되는 효과를 가져왔다.

역할을 했던 남자아이들이 오히려 중심이 되어 열심히 활동을 했다.

그뿐만이 아니다. 소외된 아이 하나 없이 협동이 잘 되다 보니 예상한 시간보다 빨리 모둠 북아트 보고서를 만드는 경우도 많았고, 작품의 완성도도 상당히 높았다.

시대별 문화재 보고서 꾸미기

사회는 유달리 예습과 숙제가 많이 필요한 과목이다. 하지만 모둠 보고서 쓰기를 할 때에는 이러한 숙제도 좀 더 전략적으로 낼 필요가 있다. 모둠이 같이 협동하여 보고서 쓰기를 하는데 과연 모든 모둠원이 똑같은 숙제를 해 올 필요가 있을까?

우리 반은 모둠 보고서를 만들기 위한 숙제를 낼 경우에는 숙제에 대한 책임감도 높이고 다양한 자료를 조사해 올 수 있도록 모둠원에게 각각 다른 숙제를 제시했다. 예를 들어, 4학년 2학기 사회 교과서에는 모둠별로 색다르게 '도읍지 문화재 보고서'를 완성하도록 안내하고 있는데, 우리 반은 이를 위해 모둠원 다섯이 각각 고구려, 백제, 신라, 발해, 고려, 조선 중 하나를 맡은 후에 자세히 조사해 오거나 자료를 찾아오도록 과제를 제시했다. 물론 이렇게 역할을 나누어도 숙제를 안 해 오는 아이는 있기 마련이다. 이 아이들은 학교에서 사회 교과서와 사회과 탐구 책을 자료로 활용해서라도 자기가 맡은 부분을 완성하게 했다.

이 수업은 8절 도화지를 모둠원 수만큼 나누어 준 후에 오른쪽에 1cm 이음면을 만들고 테두리를 꾸미게 하는 것으로 시작했다. 그러고 나서 자기가 조사하거나 가져온 자료, 사회 교과서 등을 살펴보며 자기가 맡은 나라의 문화재를 소개하는 보고서를 각각 쓰게 했다. 모둠원이 모두 자기가 맡은 지면을 완성하고 나면 이음면을 이어 붙여 하나의 책으로 만들었다. 그리고 전체가 협동하여 우드락으로 만들어 둔 표지를 함께 꾸민 후에 미리 완성해 둔 보고서를 붙여 책으로 완성했다.

이때 만든 북아트는 학예회 때 우리 반 복도에 전시했는데, 교감 선생님이 학부모 작품 공간에 이 작품들을 전시해 달라고 부탁할 만큼 멋있고 반응도 좋았다. 아이들 역시 늘 보던 8절 흰 도화지가 병풍 모양을 한 멋진 모둠 보고서로 바뀌어 가는 과정을 매우 흥미로워했다.

8절 흰 도화지에 이음면을 미리 접고, 각자 자기가 맡은 시대의 도읍지 문화재를 보고서로 작성한 후에 함께 이어 붙여 '도읍지 문화재 보고서'를 만들었다.

선택 활동 시간에 활용하기

5학년 2학기 사회 1단원 '우리나라의 경제 성장' 에서는 자유와 경쟁에 대해서 배우게 된다. 이 단원의 선택학습 활동 중 나만의 가게를 세운다고 가정해 보고 어떻게 경쟁에서 이길 수 있을지 전략을 만들어 보는 내용이 있다. 이 수업은 각자 전략을 세워 발표할 수도 있고, 모둠별로 토의 활동을 진행할 수도 있다. 우리 반은 선택학습이라는 것을 고려해 북아트를 활용해 좀 더 특별한 수업을 해 보기로 했다.

먼저 8절 색 도화지를 이용하여 '하우스북' 이라는 형태의 간단한 책을

자유와 경쟁에 대해서 배우는 사회 시간, 집 모양을 띤 하우스북을 활용했다. 하우스북은 만드는 방법이 간단해 저학년에서도 효과적으로 활용할 수 있는 북아트이다.

접게 했다. 이 책을 접고 나면 앞쪽에 쓸 공간이 2개 나오는데 왼쪽에는 우리 가게만의 판매 전략을, 오른쪽에는 그 판매 전략을 효과적으로 소개하는 광고 문구를 꾸며 보도록 했다. 그리고 하우스북의 안쪽에는 내가 생각한 가게의 모습과 간판을 꾸며 보는 활동을 했다.

하우스북의 형태가 '가게' 라는 주제와 어울려서 그런지 아이들이 재미있어했다. 다 만든 후에는 각자 실물 화상기로 자기 가게와 전략을 설명하며 홍보하는 시간을 갖기도 했다.

"선생님! 이 책은요, 방법은 쉬운데 지금까지 만든 것 중에서 제일 재밌었어요."

"선생님, 저 진짜 열심히 했는데 시간 때문에 발표도 못했어요. 뒤에 전시해서 누가 진짜 잘했는지 겨뤄 봐요. 네?"

아이들이 만든 북아트는 교실 뒤 사물함 위에 전시하고 관람하는 시간을 갖기도 했다. 다 전시하고 나니 교실 뒤에 작은 상점이라도 선 듯한 느낌이었다.

하우스북 만들기

① 8절 색 도화지를 세로의 긴 면 쪽으로 반을 접어 내린다.

② 접은 상태에서 반을 접었다가 다시 편 후 대문접기를 하여 4등분이 되게 한다.

③ 맨 끝의 2칸을 위와 같은 삼각형 모양으로 접었다가 편다.

④ 삼각형 모양을 안으로 눌러 접으면서 양쪽 $\frac{1}{4}$면을 앞쪽으로 접어 주면 ⑤처럼 하우스북이 완성된다.

과학 수업과 북아트

아이들은 북아트로 사회 수업을 하면 사회가 재미있다고 하고, 과학 수업을 하면 과학이 재미있어진다고 한다. 작년에는 유난히 과학 시간에 북아트를 많이 활용했다. 특히 식물을 공부할 때 직접 관찰하고 책도 읽고 그림도 그리게 했더니 아이들은 과학이 이렇게 재미있는지 몰랐다고 했다. 북아트를 처음 시작했을 즈음에는 과학 시간에도 사회 교과에서처럼 요약 정리를 하기 위한 북아트를 만들곤 했다. 하지만 지금은 정리하는 수업을 할 때는 그냥 실험 관찰 책을 사용한다. 대신 수업과 더불어 다양한 활동을 하기 위한 대안적인 수업을 할 때는 북아트를 만들어 쓴다.

학습 내용 및 실험 과정을 정리할 때 활용하기

다양한 모양의 책 활용하여 내용 정리하기

북아트를 처음 사용했을 때는 교과별로 언제, 어떻게 활용하면 좋을지에

배움을 키우는 교실 속 북아트

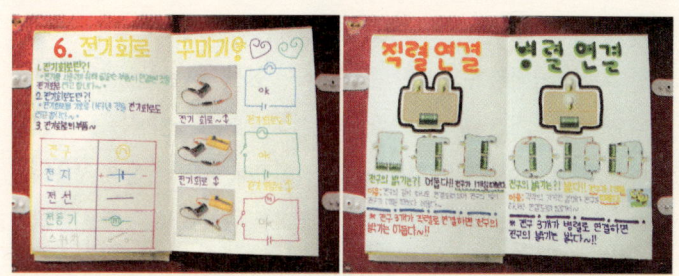

5학년 2학기에 회로도에 대해 배울 때, 교과서와 실험 관찰 책에 있는 사진을 오려 북아트 만드는 데 활용했다.

대한 요령이 거의 없었다. 그러다 보니 대부분 교과별로 내용 정리를 하는 데 많이 썼다. 물론 과학의 경우 실험 관찰이라는 부교재가 따로 있어 공책처럼 활용할 수도 있다. 하지만 대부분의 아이들은 실험 관찰 책을 교사가 적어 준 내용을 베껴 적는 책으로 생각한다. 과연 몇 명의 아이들이 과학 교과서나 실험 관찰 책을 제대로 활용한다고 할 수 있을까. 그래서 일부 단원의 경우 과학 교과서와 실험 관찰에 있는 사진들을 오려 북아트 만드는 데 활용했다. 이렇게 하면 학습 내용을 더 체계적으로 정리할 수 있는 장점이 있다.

예를 들어, 5학년 2학기 과학 교과서에는 교과서를 보며 실험 관찰 책에 회로도를 그린다든지, 교과서에 있는 회로도 그림을 보며 실험 관찰에서 직렬과 병렬을 구분해 보고 그 특징을 정리해 보는 활동이 있다. 이때 교과서와 실험 관찰에 있는 사진을 북아트에 오려 붙여 직접 회로도를 그리고 직렬과 병렬을 분류하고 특징을 찾아 정리하게 하면 훨씬 효과적이다.

과학 교과는 단원의 수도 많을 뿐 아니라 실험을 해야 하는 내용도 많다 보니 사회 교과처럼 매 단원마다 책을 따로 만들어 쓰기에는 무리가 있었다. 그래서 북아트로 정리하면 효과적이겠다 싶을 때 간혹 사용하곤 했다. 예를 들어, 5학년에서 '꽃과 열매'라는 단원을 배울 때에는 영화 필름처럼 생긴 파노라마책을 활용해 질문하고 답변하는 방식의 북아트를 만들기도 하고, '물의 여행'을 배울 때에는 8절 색 도화지를 간단히 접어 연필책을 만든 후 그 안에 학습 내용을 정리하도록 하기도 했다.

실험 관찰 대신 북아트에 정리하는 수업이 나쁘지는 않았다. 아이들도 새로운 수업 방법에 즐거워하고 더 꼼꼼히 정리하려고 노력하는 모습을

◀ '꽃과 열매' 단원을, 질문하고 답변하는 형식으로 정리하게 했던 파노라마책이다.

▲ '물의 여행' 단원을 배우면서 중요한 내용들을 찾아 정리했던 연필책이다.

▲ 과학도 2면 북아트로 배운 내용을 정리해서 쓸 수 있다.

보였다. 하지만 실험 관찰이라는 부교재가 있는데도 굳이 북아트를 만들어 쓰는 것이 옳은가 하는 고민이 들었다. 진도가 점점 늦어지기 때문이다. 지금은 과학 시간에 단지 수업 내용을 정리하려고 할 때에는 북아트를 사용하지 않는다. 그러나 과학 시간에 북아트를 한 번도 활용해 보지 않은 교사들에게는 한번쯤 해 보라고 권해 주고 싶다.

실험 기구 모양책에 실험 과정과 결과 정리하기

몇 해 전에 우리교육에서 북아트 강좌를 들었을 때 만든 책 중의 하나가 실험 기구 모양책이다. 간단하게 4면 아코디언 접기 방법을 활용하면서도 만드는 모양에 따라 각자 다른 책이 되어서 참 재미있게 배운 기억이 난다. 그때 곽계현 선생님은 이 책에 어떤 내용을 담을 거냐고 물어보며 표지에 제목을 자유롭게 꾸며 써 보라고 했다. 나는 이 책의 제목을 '산과 염기'라고 썼다. 이 책의 모양이 마치 과학 실험 기구 같다는 생각이 들었기 때문이다. 펼치면 나오는 여러 지면에 매시간의 실험 준비물, 실험 계획, 가설 등을 정리해 보면 좋겠다는 생각을 했다.

그때 생각했던 내용을 그해 5학년에서 '용해와 용액' 단원을 가르치면서 직접 실천해 보았다. 과학 실험을 하려면 40분 동안 과학실에 가서 정돈하고, 실험 기구 챙기고, 실험 방법 설명하고, 실험하고, 결과 정리하고 뒷정리까지 해야 해서 정신이 하나도 없다. 그러다 보니 5학년이 되도록 아이들이 실험 기구의 이름도 정확히 모를 뿐 아니라 이 실험을 왜 하는지, 어떻게 해야 하는지도 모른 채 그저 교사의 지시대로 무의미

실험 기구 모양을 띤 북아트에 실험과 관련된 내용을 정리해 보았다.

한 실험만 반복하는 경우가 많다.

나는 이 책을 만들어서 이런 문제점들을 해결해 보고 싶었다. 그래서 펼치면 나오는 작은 지면마다 이 실험을 하는 목적, 실험 기구, 실험 방법을 모둠 친구들과 함께 이야기하면서 정리하는 시간을 가졌다. 그러다 보니 아이들이 실험을 좀 더 주도적으로 할 수 있어 좋았다.

모양책 만들기

❶ 8절 색 도화지를 세로로 길게 접는다.

❷ 반을 접은 상태에서 다시 가로로 4등분이 되도록 지그재그로 접는다.

❸ 접은 종이에 실험 기구처럼 다양한 모습을 그린다. 접은 상태에서 내가 그린 모양대로 가위로 오리게 한다. 겹쳐진 종이의 앞면에 표지를 꾸미도록 하고 속지에 내용을 써 나가도록 한다.

배움을 키우는 교실 속 북아트

식물 관찰에 활용하기

정규 교육과정에 있지 않지만 학교에서 꾸준히 하는 활동 중의 하나가 '관찰 식물' 기르기이다. 학기 초가 되면 아이들에게 화분을 가져오게 하거나 학교에 커다란 화분을 신청한 후 씨앗을 심어 관찰 식물을 기르게 한다. 나는 식물을 좋아하지도 않고 잘 기르지도 않았기 때문에 학기 초에 화분을 하나씩 가져오게 했다가 죽으면 집으로 돌려보내는 잔인한 교육을 하고 있었다. 그러다 문학을 통한 교육이라는 방법을 알게 되고 나서 강낭콩을 심은 후 대화를 나누며 편지를 쓰는 방식으로 식물을 키우고 관찰 기록문을 쓸 수 있었다.

4학년 1학기 과학 교과서에는 강낭콩을 심어 관찰하며 그 특징을 살피는 단원이 있다. 1주일이면 끝나는 짧은 단원이지만 식물을 심어 관찰해 보면 한 달은 지나야 꼬투리가 생기는 과정까지 볼 수 있어 수업 진행에 어려움이 많았다. 이 때문에 우리 반은 식물 관찰을 꾸준히 할 수 있도록 8절 도화지로 16면 보일러북을 만들어 활용했다.

먼저 샬레에 젖은 솜을 넣은 후 그 위에 강낭콩을 넣고, 강낭콩이 싹을 틔우는 것까지 관찰했다. 그러고 나서 자신이 가져온 화분에 싹이 튼 콩을 하나씩 옮겨 심었다. 이때 강낭콩을 잘 키우기 위한 우리 반만의 다짐을 하기도 했다.

"선생님 하는 말 따라 해라. 이 콩은 지금부터 내 동생입니다. 저는 이 콩의 목숨을 반드시 지키겠습니다. 만약 강낭콩이 죽으면 저도 이 콩이 들어 있는 화분과 함께 창문에서 떨어지겠습니다."

이렇게 농담과 협박이 섞인 말을 따라 해 가며 화분에 콩을 심었다.

"이 콩은 진짜 나만의 콩이야. 이제부터 이 콩은 너희들의 동생이 된 거야. 애완동물만 있냐? 애완식물도 있다. 식물도 알고 보면 감정이 있어서 예뻐해 주고 이야기도 들려주면 무럭무럭 자라. 동생들이 콩깍지 맺는 날 우리 파티하자."

식물에 대한 애착심을 갖도록 하기 위해 아이들에게 콩 이름을 먼저 짓게 했다. 김춘수 시인의 시처럼 꽃은 꽃이라 불러 주어야 비로소 꽃이 되듯이 나만의 콩은 내가 이름을 직접 지어서 붙여 주어야 특별한 의미를 갖게 될 것이라고 생각했기 때문이었다. '낭콩이', 배형준 동생 '형콩이', 제일 좋아하는 만화의 캐릭터 이름을 따온 '도라에콩', 무한도전 '망콩이' 등 재미있는 이름이 많이 나왔다.

3일 정도 지나니 하나둘 싹이 트기 시작했다. 거짓말처럼 아이들이 가져온 29개의 화분에서 모두 강낭콩이 무럭무럭 자라기 시작했다. 도시의 아이들은 새싹이 나는 것도, 본잎이 나는 것도, 겹잎이 나는 것도 모두 처음이다. 직접 식물을 키우는 것도 처음일 거다. 정말 너무너무 좋아한다.

"선생님, 오늘 물 줘도 돼요?"

"선생님, 저 콩이 너무 귀여워요. 좋아 죽겠어요."

"선생님, 제 것 좀 보세요. 이렇게 자랐어요. 아싸~."

관찰 일지 쓰는 날마다 시끌시끌하다. 아침부터 물을 주어야 하나 말아야 하나 질문도 많다.

강낭콩은 부쩍부쩍 자랐다. 만날 달라지는 자기의 강낭콩을 보려고 아이들은 아침마다 창가로 몰려들었다. 아이들은 강낭콩이 너무 예쁘고 귀여워 죽겠다며 자기의 화분을 끌어안고 난리다.

어느 날, 창가에 가 보니 란경이가 서서 자기 화분을 관찰하고 있었다. 화분에는 이미 자라고 있는 강낭콩 말고 다른 강낭콩이 하나 더 싹을 틔우고 있었다.

그때 란경이가 한 말,

"어머, 낭콩아, 너 동생 봤구나!"

그 말을 듣고 뒤에서 얼마나 웃었는지 모른다.

엄마 없이 할머니 밑에서 혼자 외롭게 자란 송이는 강낭콩이 너무 좋단다. 관찰 일지의 제목도 '사랑이와 지호의 육아 일기'. 커다랗게 자라나는 강낭콩 '사랑이' 와 늦게 심어서 자라지 않는 봉숭아 '지호' 에 대한 관찰 일지를 썼다.

6월 13일 금요일
사랑아! 지호야! 아유~ 기특해라.
벌써 키가 21cm야. 잎 길이는 8cm나 되고. 알고 있니?
사랑아, 넌 누나니까 지호 잘 돌봐야 해. 사랑아, 지호야. 사랑해.
                                                    – 송이 언니가

가끔 바람이 세게 불어 강낭콩 줄기가 부러지기도 했다. 그때마다 아이들은 수술을 해 달라고 조르곤 했다. 수술이라고 해 봤자 나무젓가락을 테이프로 이어 끈으로 묶어 주는 것밖에 없었다. 신기한 것은 분명히 부러

졌던 강낭콩 줄기가 마치 대나무처럼 부러진 부분이 두껍고 단단해지면서 잘 자란다는 것이었다. 교사인 나도, 부러진 식물을 키우던 아이들도 이런 강낭콩의 생명력이 마냥 새롭고 신기하게만 보였다.

그런데 또다시 문제가 생겼다. 쑥쑥 잘 자라던 강낭콩들이 점점 병들어 갔다. 벌레가 생긴 듯했다. 아이들은 너도나도 할 것 없이 자신의 강낭콩을 걱정했다.

"얘들아, 미안하지만 하는 수 없다. 학교에서는 병을 고칠 수 없을 것 같아. 일단 해충으로부터 멀어지게 집에 가서 키워 보자."

나름 고민해서 던진 제안이었다. 그런데 아이들이 뜻밖의 이야기를 했다.

"싫어요. 제가 콩이 살려야 하는데, 집에 가면 엄마가 키운단 말이에요. 이 콩이는 제 동생이니까 제가 키울 거예요."

다시 아이들과 나의 노력이 시작되었다.

"선생님, 제가 아침에 벌레 열심히 잡아 주었어요."

"선생님, 저 영양제 가져와도 돼요? 영양제 주면 잘 클지 몰라요."

"선생님! 저는요, 약 가져올게요. 약 뿌려 주면 다 나을 거예요."

내가 시킨 것도 아닌데 아이들은 자신들의 콩이를 위해 할 일을 찾고 있었다. 그러나 아이들의 정성에도 강낭콩은 자꾸자꾸 시들어만 갔다. 결국 강낭콩들은 어쩔 수 없이 각자의 집으로 돌아갔다.

이미 병이 든 상태라 죽었다는 아이들도 있었지만, 꼬투리까지 맺었다는 아이들도 상당히 많았다. 그때마다 핸드폰으로 사진을 찍어 와서 보여 주곤 했는데, 그런 아이들이 얼마나 예쁘게 보였는지 모른다.

배움을 키우는 **교실 속 북아트**

8절 도화지로 16면 보일러북을 만들
어 강낭콩이 자라는 모습을 편지글
형식의 보고서로 계속 쓰도록 했다.

과학 교과서에 나온 목표만 보자면 강낭콩의 한살이만 관찰하면 되는
단원이었다. 씨앗에서 어린뿌리가 나오고, 떡잎은 2장, 본잎은 3장, 그
러고 나서 꽃이 피고 꼬투리가 맺힌다는 사실이 아이들이 익혀야 할 내
용이다. 하지만 그 안에는 식물을 아끼고 사랑해야 한다는 것도 없고 그
저 배우고 익혀야 할 과학적 사실만이 있을 뿐이다. 이렇게 무미건조한
과학 수업이 아이들에게 어떤 의미로 남게 될까. 난 인성교육이 무엇인
지 잘 모르지만 식물을 동생처럼 돌보고 관찰 일지를 편지 쓰듯이 적던
한 달 남짓한 기간 동안 아이들의 인성과 감성이 더 많이 성장했을 것이
라는 생각이 든다.

아이들과 함께 식물을 키우고 관찰 일지를 쓰며 신비할 만큼 강한 식물의
생명력과 별 것 아닌 식물에 대한 아이들의 무한한 애정을 보았다. 도시
아이들이 버릇없고 정서가 메말랐다고 누가 말했던가. 식물을 함께 키우

며 지켜보았던 도시 아이들은 마음이 예쁘고 정도 많고 의지력도 강했다.

과학 보고서 쓸 때 사용하기

4학년 1학기 과학 7단원 제목은 '강과 바다'이다. 이 단원은 전개 방식이 매우 특이하다. 보고서 계획 세우기로 첫 시간을 시작해 수업이 끝난 후에는 보고서 발표하기로 매듭을 짓게 되어 있다. 수업시간에 실제로 보고서를 쓰지 않으면 첫 시간과 마지막 시간이 무의미해지기 쉽다. 마침 강과 바다에 대한 보고서 쓰기가 수행평가이기도 해서 우리 반은 이 시간에 북아트 보고서를 만들기로 했다.

먼저 책 형태를 정해야 했다. '물결책'이라는 모양이 강과 바다라는 단원에 어울리는 것 같아 이 책으로 만들기로 했다. 내용은 이 단원에서 가장 중요한 상류, 중류, 하류의 특징을 담아야겠다고 생각했다. 보고서

> 물결책은 151쪽에 만드는 방법이 소개되어 있어요.

계획을 세워야 하는 첫 시간에는 4절 머메이드지에 물결무늬를 그려서 나누어 준 후 책의 모양을 만들고 표지까지만 꾸미게 했다. 다음 차시부터는 교과서 안내대로 상류, 중류, 하류의 특징에 대해 배우고, 운동장에 나가 물의 작용에 관한 실험을 하기도 했다.

보고, 듣고, 직접 해 보는 수업 과정이 끝난 후, 마지막 시간에는 2시간을 묶어 지금까지 배운 내용을 보고서로 만들었다. 수업시간에 배운 내용을 단순히 반복하는 활동이 되지 않도록, 질문하고 대답하는 형식, 만화 등 다양하고 재미있는 글쓰기 방식을 이용해서 써 보라고 말해 주었다.

이날은 시험 전날이어서 북아트 수업을 할까 말까 망설였다. 그래서 1시간만 가볍게 하고 다음에 하려고 했는데 아이들이 북아트를 계속 하자고 졸라 댔다.

"선생님, 북아트 그냥 끝까지 하면 안 돼요?"

"내일이 시험인데……."

"오늘은 그냥 북아트 하면서 쉬고 싶어요."

북아트를 하면서 쉬고 싶다는 아이들 말에 결국 뒤표지까지 꾸미고 나니 얼추 3시간이 지나 있었다. 아이들은 이 시간을 공부하는 시간이 아니라 노는 시간처럼 생각하는 듯했다. 아이들은 보고서를 쓰는 동안 자기가 쓴 글과 그림을 다른 친구에게 읽어 주기도 하고 바꾸어 보기도 하며 즐거워했다.

이날 석경이는 친구들에게 자기 보고서를 보여 주고 다녔는데 그때마다 웃음이 터졌다. 선생님을 소재로 글쓰기를 했기 때문이었다. 결국 석경이의 보고서는 그날 아이들이 뽑은 최고의 보고서가 되었다.

4학년 1학기 '강과 바다' 단원에서 만들었던 물결책이다. 수업 내용과 어울리는 모양에 쓸 내용도 알맞아서 참 좋았다.

관찰 활동과 독서 활동을 함께 녹여 본 식물 북아트

4학년 과학 4단원은 '강낭콩', 6단원은 '식물의 뿌리'다. 한 학기 동안 3주 이상을 식물에 대해서만 배우는 셈이다. 꽤 긴 시간을 식물에 대해 배우기 때문에 교과서 이외의 활동을 넣어서 재미있게 구성해 주고 싶었다. 도시에 사는 아이들은 식물이란 자기 삶과 별개로 받아들이기 쉽다. 학교에서 흔히 보는 식물의 이름은커녕 어떤 식물들이 자라고 있는지도 관심이 없다. 대도시에서 학교를 다닌 나도 식물에 대해 전혀 모르긴 매한가지다. 식물 북아트를 만들어 보자고 생각했던 것은 나와 아이들이 다 같이 식물과 친해지기 위해서였다. 이번에는 T-갈라접기를 약간 바꾼 형태의 북아트를 활용해 보았다.

먼저 첫째 시간. 교육과정에서는 명아주와 강아지풀의 잎맥과 뿌리를 관

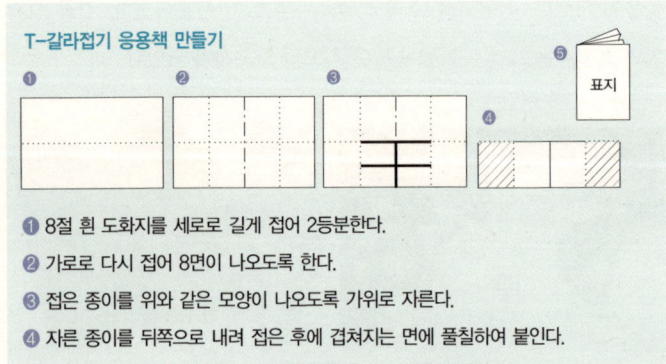

T-갈라접기 응용책 만들기

표지

① 8절 흰 도화지를 세로로 길게 접어 2등분한다.
② 가로로 다시 접어 8면이 나오도록 한다.
③ 접은 종이를 위와 같은 모양이 나오도록 가위로 자른다.
④ 자른 종이를 뒤쪽으로 내려 접은 후에 겹쳐지는 면에 풀칠하여 붙인다.
⑤ 지그재그로 접어 책 모양이 나오도록 한 후에 표지를 꾸민다.

찰하고 그리라고 나와 있다. 과학실에 문의해 보았지만 그런 식물을 준비해 두었을 리가 없다. 다른 교사들은 어떻게 하나 물어보니 티나라를 틀어 주고 설명해 준 후 교과서를 보고 그리게 했단다. 그러면서 식물 단원이 가장 재미없다는 이야기를 덧붙인다.

나는 강아지풀은 알지만 명아주는 모른다. 혹시나 하고 쉬는 시간에 학교 뒤뜰을 살펴보았더니 교과서에 나온 것과 똑같은 풀이 있었다. '이게 명아주구나!' 정말 신기했다.

과학 시간이 되었다.

"자, 첫 시간은 명아주와 강아지풀을 관찰하는 시간이에요. 책으로만 배우면 참 재미없겠지? 우리 이번 시간에는 학교 뒤뜰에 나가서 명아주와 강아지풀을 찾아볼 거예요. 관찰해서 그림도 그려야 하니까 모둠당 명아주 1개, 강아지풀 1개만 채집해 봅시다."

"근데요, 선생님. 명아주가 뭐예요?"

"과학 교과서에 나온 식물이에요. 밖에 나가 보면 금방 찾을 수 있어요."

우리 학교 뒤쪽 화단은 관리를 안 해서인지 잡초가 무성하다. 그곳에 아이들과 내려가서 명아주 하나를 가리키며 말했다.

"이 식물 좀 보세요. 과학책에 나온 거랑 똑같죠? 명아주라는 이름은 처음 들었지만 우리가 흔히 본 식물이네요. 모둠별로 함께 다니면서 이 식물과 똑같이 생긴 식물을 찾아보세요."

아이들은 밖에 나온 것만으로도 즐거워했다. 화단 구석구석을 돌아다니며 강아지풀과 명아주도 찾고 또 다른 식물도 관찰하느라 신이 났다. 한

참을 구경하며 놀다가 모둠별로 명아주와 강아지풀을 1개씩 채집하게 한 후 교실로 들어갔다.

"이번에는 우리가 채집한 명아주와 강아지풀을 모둠 책상 가운데 놓고 자세히 보고 그리기를 할 거예요. 먼저 잎맥, 뿌리 모양까지 자세히 관찰 하여 연필로 그린 후 색연필로 색칠해 봅시다."

운동에는 소질이 많지만 그림 솜씨는 영 부족한 우리 반 아이들. 그리기 어렵다고 난리다. 식물의 이곳저곳을 관찰하며 말도 많다.

"선생님, 명아주는 정말 잎이 복잡하게 생겼어요."

"선생님, 강아지풀 뿌리가 정말 교과서랑 똑같이 생겼어요."

"선생님, 어떡해요. 제 명아주가 양배추 같아요."

"선생님! 제 강아지풀은 발톱이에요. 푸하하하."

다음 시간 준비를 위해 《Why? 식물》(이광웅 글, 박종관 그림, 예림당, 2002)이라는 책을 빌리거나 사 보도록 권유했다. 물론 '잎과 뿌리'나 '줄기의 작용'에 대한 내용이 나와 있는 책이 집에 있다면 그 책도 괜찮 다고 안내해 주었다.

가끔 교과서대로 가르치다 보면 이해가 안 되는 때가 있다. 이번 식물 단 원 같은 경우가 그렇다. 잎과 뿌리, 줄기, 꽃은 하나의 식물을 이루는 부분 들이다. 그런데 교육과정에서는 4학년 1학기에 뿌리, 5학년 1학기에 꽃, 2학기 때 잎과 줄기를 각각 따로 가르치도록 하고 있다. 나선형 교육과정 이라는 이름으로 말이다. 그러면 정말 학자들이 의도한 것과 같이 아이들 이 배운 내용을 통합해서 기억할까. 차라리 한 달 동안 프로젝트 학습으로

식물을 관찰하여 세밀화를 그리고, 관련된 책을 직접 찾아 가며 식물 북아트를 만들었다. T-갈라접기 방식을 수업 내용에 맞게 변형해 활용했다.

식물에 대해 자세히 배우는 게 훨씬 낫다. 아이들에게 식물에 관한 책을 읽게 한 것은 식물을 전체로 보고 이해할 기회를 주기 위해서였다.

식물에 대해 배우는 동안 관련 책을 가져오게 해서 '나란히맥' '그물맥' 과 같은 개념이 나오면 직접 책에서 내용을 찾아 정리하게 하는 방법으로 공부했다.

"자, 이제 우리가 그린 식물의 잎과 같은 것을 무엇이라고 부르는지 알아보아야 해요. 먼저 목차를 펴 보자. 어디를 보면 그런 내용을 찾을 수 있을까?"

"선생님, '식물의 영양 공장 – 잎'이라는 게 있는데요. 거기에 있지 않을까요?"

"잘 찾았어요. 몇 쪽이지요?"

"38쪽이에요."

"좋아요. 그럼 38쪽을 펴고 명아주나 강아지풀과 같은 잎을 뭐라고 부르는지 찾아보세요."

이처럼 책을 읽고 직접 찾아보는 과정을 거쳐 정리한 내용은 티나라 같은 웹사이트에서 제시하는 내용보다 더 나으면 나았지 뒤떨어지지 않았다. 같은 방법으로 교과서에 나오는 뿌리의 작용은 물론 줄기 속 모습과 작용, 잎의 모습과 작용, 꽃의 작용까지 공부했다. 그리고 교과서에 나온 '물방울 툭툭이의 여행'은 아이들이 좋아할 것 같아서 활동을 그대로 가져와 북아트 안에 담게 했다.

직접 식물을 찾아보고, 세밀화를 그리고, 책을 보며 정리하고 공부한 후 아이들은 "선생님, 요새 과학이 참 재미있어요. 전 우리 반에서 공부하는 게 참 좋아요"라고 말하곤 했다. 또 어떤 아이는 단원이 끝난 후 단원 정리 평가로 티나라 시험문제를 나누어 주었을 때 이렇게 말하기도 했다.

"선생님, 티나라 시험문제가 이해되기는 처음이에요."

이 아이들에게 '명아주는 그물맥에 원뿌리 식물, 강아지풀은 나란히맥에 수염뿌리 식물'이라고 하면서 교사가 단순히 지식을 전달해 주면 아이들은 억지로 외울 수밖에 없다. 이 단원을 배우면서 우리 반 아이들이 과학이 쉽고 재미있다고 말할 수 있었던 것은 머리가 아닌 경험으로 익혔기 때문일 거다.

과학 모둠 보고서에 활용하기

남자아이라면 누구나 한번쯤 공룡에 대한 관심을 갖기 마련이다. 또, 수많은 과학 만화 중에서도 '공룡'과 관련된 책만 유독 인기가 있는 것을 보면 아이들에게 공룡은 여전히 흥미롭고 재미있는 제재라는 생각이 든다.

4학년 2학기 과학 교과서에서는 지층, 화석 단원과 관련하여 공룡을 다루고 있다. 교과서 활동을 대강 훑어보면 아이들이 인터넷이나 백과사전을 이용해 공룡에 대하여 조사한 후 이를 바탕으로 서로 이야기를 나누어 보도록 안내하고 있다. 하지만 교실은 아이들이 인터넷이나 백과사전을 찾아볼 수 있는 환경이 안 된다. 공룡에 대한 자료를 조사해 와서 서로 이야기하게 해도 지루한 시간으로 끝나기 쉽다. 한마디로 가장 흥미로운 제재로 가장 시시한 수업을 만드는 것이다.

수업 재구성이 필요한 장면이다. 우리 반은 이 수업을 좀 더 흥미 있게 할 수 있도록 공룡에 대한 모둠 보고서를 만들기로 했다. 물론 북아트로 말이다. 공룡 북아트는 4면 북아트를 2개 이어 붙여 만들고, 간단한 팝업 효과를 주어 직접 그린 공룡을 붙이게 했다. 공룡 북아트 보고서 만들기를 위한 수업 준비 과정은 다음과 같다.

① 미리 아이들에게 화석, 공룡과 관련된 책을 구입하여 읽도록 한다. 《Why? 화석》(이광웅 글, 송회석 그림, 예림당, 2002), 《Why? 공룡》(이항선 글, 송회석 그림, 예림당, 2004), 백과사전, 집에 있는 책을 적극 활용하도록 권장한 후, 1주일 전부터 아침자습 시간을 활용해 읽게 한다.

② 수업 전날 아이들에게 공룡에 대해 각각 10개씩 조사하도록 하고, 관련 책이나 자료도 찾아서 가져올 수 있도록 한다.

③ 아침자습 시간에 모둠 꾸밈이들에게 북아트 접는 방법을 설명하고, 모둠 북아트의 기본 틀을 같이 만들어 둔다. 다른 아이들은 각자 책과 조사한 숙제를 참고하여 8종류의 공룡을 정하게 한다.

④ 보고서 작성 방법을 설명하고, 모둠이 협동하여 보고서를 작성하게 한다. 시간과 양을 조금 빠듯하게 주어야 모둠이 협동하게 된다.

   역할 나누기 예) 그림 그리기 팀(그리기, 색칠, 오리기 팀), 설명 쓰기 팀 등

⑤ 쉬는 시간을 포함해 1시간 정도의 시간을 주어 시간 안에 완성한 모둠에 가산점을 준다.

⑥ 서로의 작품을 전시하여 감상할 수 있게 한다.

북아트로 만드는 공룡 모둠 보고서는 꼬박 1시간 10분이 걸렸다. 아이들은 단순히 조사해서 발표하는 것보다 협동해서 보고서를 만드는 과정에 흥미롭게 몰입했다. 쉬는 시간 종이 치는 것도 모르고 화장실에 가는 것도 잊은 채 말이다.

"힘들지 않니?"

"아, 재밌어요. 선생님."

"선생님, 파키케팔로사우루스 그림이 필요한데 도와주세요."

아이들은 서로 찾아온 자료와 책을 바탕으로 그림도 그리고 글도 쓰며 공룡 보고서를 만들었다. 4면 북아트를 2개 이어 붙여 만들고 공룡 그림에는 팝업 효과를 주어 입체감을 살렸다.

배움을 키우는 교실 속 북아트

"3모둠 책에 있더라. 자, 선생님이 파견 보내 줄게. 얼른 그리렴."

"선생님, 저희 정말 잘했죠?"

"우와~, 정말 멋지다. 난 이 공룡이 가장 마음에 드는데!"

"선생님, 저희는 아이들이 하나도 모르는 특별한 공룡을 할 거예요. 엘라프로사우루스 처음 들어 보셨죠?"

"엘라프로사우루스? 나도 처음 듣는데?"

아이들이 이렇게 공룡 그림을 열심히 그려 보기는 처음일 것이다. 공룡에 관한 한 여자아이들보다 남자아이들이 적극적으로 그림 그리는 역할을 맡았다. 거기에 솜씨가 있는 여자 친구가 색깔을 덧입혀 주면 그야말로 멋진 공룡으로 탄생.

책을 읽고, 글을 쓰고, 그림으로 그리고, 서로 좋아하는 공룡에 대한 이야기를 나누고. 우리 반의 공룡 수업은 이렇게 진행됐다. 교사는 지원하고 안내하는 역할에 충실하고, 아이들은 수업시간에 본격적으로 공룡에

공룡 북아트 작품을 교실 여기저기에 놓아 두니 마치 작은 공룡 전시관에라도 온 느낌이었다.

대해 읽고 이야기를 나누고 체험해 보는 시간이었다.

상상의 동물 펼침책 만들기

4학년 2학기 과학 1단원 '동물의 생김새' 내용은 굉장히 평범하다. 우리 주변에서 볼 수 있는 동물들을 찾아 분류해 보고, 특징을 설명하고, 사는 곳에 따른 모습을 정리해 보는 내용이다. 대신 마지막 부분은 좀 흥미로 웠다. 아이들이 알고 있는 동물에 대한 상식을 바탕으로 상상의 동물을 그려 보는 활동이었다.

이 시간을 좀 더 재미있게 구성하기 위해 2학년 즐거운생활에 나왔던 이 야기 그림책을 활용해 펼침책을 만들어 보기로 했다. 겉장은 평범한 동 물처럼 보이지만 펼치면 전혀 다른 동물이 되는 방식이다. 뒷면에는 이 동물의 이름과 사는 곳, 먹이, 특징 등을 상상하여 간단한 설명을 쓰게 했다.

상상하기를 좋아하는 아이들이라서일까. 상상의 동물을 그려 보는 활동 을 무척 즐겼다. 상상의 동물에 대한 이름을 '올라라쏭' '바라부붑바라 밥' '샬라쓩쓩' 처럼 재미있게 지어 보고 그 동물이 가진 특성과 먹이까 지 상상하여 쓰게 하자 아이들은 자기 작품을 친구들에게 보여 주며 웃 느라 정신이 없다.

아이들이 하도 재미있어하길래 앞에 나와서 친구들에게 자신이 만든 동 물을 보여 주고 설명하는 시간도 가졌다.

"이 동물은 무엇처럼 보이나요?"

4절 도화지를 길게 반을 접어 자른 후에 간단하게 만들었던 북아트이다.
2번의 접기만으로 예쁜 꽃게가 '울트라울라라숑'이라는 괴물로 변하는 모습을 볼 수 있다.

"기린입니다."

"그렇죠? 여러분은 속았습니다. 이 동물의 이름은 샬라쑹쑹입니다. 포유류, 파충류, 조류가 섞여 만들어진 새로운 종이지요. 이 동물은 종소리만 들으면 날개가 돋아나면서 아무거나 마구 잡아 뱃속으로 집어넣습니다. 그러나 잘생긴 남자만 보면 갑자기 날개가 작아지며 예쁜 기린으로 다시 돌아갑니다."

이렇게 그림도 보여 주고 설명도 하면서 발표를 하게 했더니 그동안 수업에는 전혀 관심을 보이지 않았던 여자아이도 나오고, 내성적이라 좀처럼 발표를 하지 않던 남자아이도 나왔다. 수업이 끝난 후 작품을 걷어 놓았더니 그 주변에 아이들이 가득 모여서 서로의 작품을 둘러보았다. 간단한 아이디어 하나를 넣었을 뿐이지만 기대 이상으로 정말 재미있는 수업이 되었다.

수학 수업과 북아트

'삼각형' 단원에 삼각형책 활용하기

북아트는 수학 시간에도 효과적으로 사용할 수 있다. 4학년 1학기 수학에 '삼각형' 단원이 있다. 이 시간에 아이들은 삼각형의 실제 크기를 재어 오려 붙이고, 컴퍼스로 그리고, 삼각형의 특징도 정리해야 한다. 그러다 보면 어쩔 수 없이 평소에 잘 쓰지 않는 수학 공책을 꺼내어 쓰게 하거나 학습지를 나누어 주고 수업하게 된다. 그런데 색 도화지 1장만 있으면 이 수업에 딱 어울리는 '삼각형책'이라는 유용한 공책 한 권을 만들어 쓸 수 있다.

먼저 수업을 시작하기 전에 색 도화지로 삼각형책을 만들고 각 지면 아래쪽 가장자리에 ①에서 ⑧까지 번호를 매겨 놓게 한다. 제목은 시간 여유가 있으면 바로 꾸미게 해도 좋지만 시간이 없다면 첫 시간이 끝날 때쯤 꾸미게 하거나 아침자습 시간을 이용해 꾸미는 것이 수업시간을 방해하지 않는다.

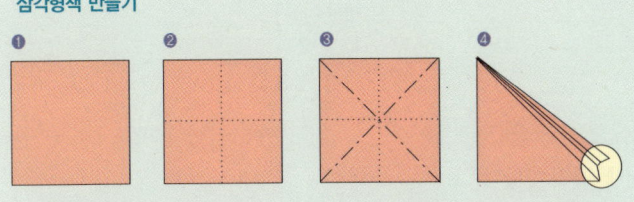

수업시간마다 삼각형책에 삼각형을 직접 그려 보기도 하고, 배운 내용의 요점을 정리하게 한다. 이렇게 삼각형책에 한 면씩 차곡차곡 정리하다 보면 단원이 끝나갈 즈음에 삼각형책을 거의 완성하게 된다.

우리 반은 수업이 끝날 때쯤 딱 한 쪽이 남아서 삼각형책에 어울리는 '숫자 나무'라는 퀴즈를 풀어 보았다.

"얘들아, 지금부터 선생님이 숫자 나무라는 퀴즈를 낼 테니 10번째에 올 숫자를 생각해 봐. 먼저 맞히는 선착순 열 명에게 선생님이 상품을 줄 거야."

```
        1
      1   1
    1   2   1
  1   3   3   1
```

"어때, 규칙 찾았니?"

"아~, 알았다."

"선생님, 모르겠어요."

규칙을 찾은 아이들은 문제를 풀어 나가기 시작했고, 모르는 아이들에게는 한 줄 더 풀어 주면서 방법을 찾아보게 했다. 방법을 찾아낸 아이들은 재빨리 문제를 풀기 시작했다. 그러더니 한두 명씩 앞으로 나와 답을 보

4학년 1학기 수학 '삼각형' 단원을 공부할 때 삼각형책을 만들어 정리하게 했다.

배움을 키우는 교실 속 북아트

여 주고 작은 상품을 받아 갔다.

수학 수업은 북아트와 가장 거리가 멀어 보이지만 북아트 형태가 수업 내용과 어울리기만 한다면 얼마든지 효과적으로 사용할 수 있다. 북아트는 무엇을 담아내는가도 중요하지만 수업의 내용과 어울리는 책의 형태를 활용할 때 그 재미가 더 커진다.

미술 수업과 북아트

미술 작품 멋스럽게 보관하기

요즘은 학습 준비물을 학교에서 나누어 주기 때문에 스케치북이 아닌 낱장으로 된 8절 도화지에 그림을 그리는 일이 많다. 이럴 경우 파일을 따로 준비해 작품을 보관해야 한다. 이렇게 준비해 둔 파일이 불편하게 느껴질 때가 한두 번이 아니다. 학기 초에 파일을 걷는 일도 귀찮지만, 크기가 너무 크다 보니 교실에서 보관하기도 영 불편하다. 또 그림을 자꾸 그려 넣다 보면 끼워 넣는 속지가 모자를 때도 많다. 학기가 끝난 후 파일을 집에 보내 줘도 문제다. 매년 학교에서 보내 주는 작품집을 보관하려니 부피가 만만치 않고 재활용하려면 작품을 일일이 빼서 버려야 한다. 우리 반은 이러한 문제점을 검정 도화지 2장과 색 도화지 2장으로 쉽게 해결했다.

먼저 한 학기 동안은 미술 시간마다 아이들이 그린 그림들을 차곡차곡 모아 두었다. 교실 뒤 게시판에 전시도 했지만, 그림 형태로 완성된 미술 작품들은 모두 걷어서 시간별로 분류해 교사용 사물함 속에 모아 두었다. 학기 말이 다가오면 작품이 어느 정도 모이게 된다. 그때 즈음이면 미술 시간에 감상 시간도 들어 있기 마련이다. 우리 반은 감상 시간에 그동안 모아 두었던 미술 작품들을 나누어 주고 나만의 미술관을 만들도록 했다.

어느 교실에서나 흔한 검정 도화지는 나만의 미술관을 꾸밀 때 표지로 쓰기에 알맞다. 두꺼워서 표지의 재질로 적합하고 8절 흰 도화지 크기와도 딱 맞아떨어진다.

먼저 검정 도화지 1장을 나누어 주고 나서 색종이로 나만의 작품집이라는 글자를 오려 붙이게 한 후 남은 공간은 예쁘게 디자인하여 자유롭게 꾸미도록 했다. 앞표지를 다 꾸미고 나면 색 도화지 2장과 검정 도화지 1장을 더 나누어 준다. 그리고 색 도화지를 각각 8면에서 12면 정도 나오도록 지그재그 방향으로 부채 접기 모양으로 접은 후 접은 종이 2장을 이어 붙인다. 그러고 나서 미리 만들어 둔 겉표지를 앞표지로, 다른 검정 도화지를 뒤표지로 하여 왼쪽 끝 쪽에 붙이면 미술 작품을 위한 나만의 작품집이 완성되는 것이다. 마지막으로 아이들이 그동안 그렸던 그림들을 나누어 주고 미리 만들어 둔 나만의 작품집의 접는 면에 하나하나 붙여 나가게 했다.

미술 감상 시간에 자주 하는 게 친구 작품 감상하기이다. 미리 준비해 두지 않으면 그 시간에 완성한 작품 하나만 놓고 평가하기 마련이다. 미술 작품은 그날 주제에 따라 평소 실력보다 더 잘하는 아이들이 있는가 하

면 평소보다 못한 작품을 만들
어 내는 아이들도 있다. 미술 작
품 자체가 아니라 작품을 감상
한 결과가 평가의 대상이긴 하
지만 평소보다 못 그린 아이의
경우 기분이 좋을 리 없다.
한 학기 동안 완성한 작품들을
모아 나만의 작품집을 만들고

검정 도화지 2장과 색 도화지 2장만 있으면 한 해 동안 완성한 미술 작품들을 훌륭하게 보관할 수 있는 작품집을 만들 수 있다.

나서 감상 시간을 가졌더니 아이들이 감상 활동을 좀 더 재미있게 했다.
아이들은 내가 굳이 먼저 시키지 않아도 자기가 완성한 작품을 훑어보며
어떤 작품이 잘 되었고 또 어떤 작품이 그저 그런지 이야기를 먼저 하기
시작했다. 이러한 아이들의 이야기를 담으면 한 학기 동안 완성한 작품에
대한 자기평가가 된다. 그리고 나서 모둠 친구들끼리 바꾸어서 다른 친구
의 작품집을 보게 하면 특히 마음에 드는 작품이 있기 마련이다. 그 작품
에서 주제나 색을 어떻게 표현했는지 등을 세밀하게 살펴보며 잘된 점을
찾아 칭찬하면 그것이 바로 친구 작품에 대한 감상 활동이 되었다.
1학기에 완성한 작품을 모두 붙여도 대개는 작품집의 공간이 남는다. 이
때문에 작품집은 만들어서 바로 집에 돌려보내지 않고 보관해 두었다가
2학기 작품들도 이어 붙인 후 학기말에 가져가도록 했다. 이때 만든 작
품집은 수업 공개 때나 작품 전시회 때도 전시했는데 많은 분들이 파일
보다 낫다는 이야기를 많이 했다.

미술 감상 작품집 만들기

우리 반은 색다른 수업 방법 중 하나로 교과서를 찢는 활동을 한다. 사회 책도 찢고 과학 교과서도 찢고 필요하면 국어 책도 찢는다. 그러니 미술 책이라고 못 찢을 리 없다. 미술 책을 찢어서 무엇을 만들 수 있을까.

나는 미술 감상 시간에 미술 책을 찢어 북아트를 만들어 보기로 했다. 이유를 굳이 말하자면 미술 교과서에 아무리 멋진 작품들을 실어 놓아도 아이들은 제대로 보지 않는다는 것이다. 어차피 학기 말에 버릴 책. 몇 작품이라도 건져서 북아트를 활용한 나의 작품집으로 만들어 보자. 이것이 바로 내가 계획한 미술 책 감상 수업이다.

학기 말쯤이면 대개 미술 시간에 작가들의 미술 작품을 감상하는 수업을 한다. 성적 처리하기도 바쁜 때에 따로 미술 작품을 준비하는 것도 힘들고, 인터넷에 나온 작품을 훑어보자니 2시간을 채우기도 어렵다. 고민이

미술 교과서에 실린 여러 작품 중 마음에 드는 작품을 골라 나만의 작품집을 만들었다. 사진을 오려 머메이드 지에 붙이고 꾸미게 했더니 고급스러운 느낌도 나면서 매우 멋진 작품집이 되었다.

될 수밖에 없는 시간이다.

우리 반은 감상 시간에 미술 책과 풀, 가위, 머메이드지 1장으로 나만의 미술 작품집을 만들었다. 먼저 갈라접기를 변형한 T-갈라접기책을 아이들과 함께 접은 후 1시간 동안 표지를 꾸미는 시간을 가졌다. 이때 겉표지에 나만의 느낌을 살려 모양을 재미있게 오리도록 했고 제목도 나름대로 붙이게 했다.

다음 시간에는 각자 자신의 미술 책을 훑어보면서 마음에 드는 작품 6개를 골라 보도록 했다. 먼저 작품 1개를 오리게 한 후에 이미 만들어 놓은 작품집에 그 사진을 붙이고 사진 테두리를 액자 모양으로 꾸미도록 했다. 그리고 작품 사진 아래쪽에는 그 작품의 이름, 만들어진 시기, 만든 사람을 적게 하고, 이 작품의 특징이나 이 작품이 마음에 든 까닭을 쓰라고 했다.

나머지 다섯 작품도 이와 같은 방식으로 하게 했다. 그리고 북아트 맨 뒤에는 '이 작품집을 보고 나면'이라는 주제로 내 작품집을 소개하는 짧은 글과 바코드, 가격 등을 쓰게 했다.

다 만든 북아트는 매우 예쁘고 고급스럽게 느껴졌다. 아이들 역시 자신이 만든 작품집에 만족해하며 매우 좋아했다. 교육과정에서는 '교과서는 하나의 자료'라고 설명하고 있다. 물론 교과서를 찢어도 된다는 말은 아니겠지만 이처럼 자료를 오리고 붙이며 수업에 활용하다 보면 교과서가 참 좋은 자료라는 생각을 하게 된다.

> T-갈라접기책은 162쪽에 만드는 방법이 소개되어 있어요.

배움을 키우는 **교실 속 북아트**

미술 작품 색다르게 전시하기

아이들이 공들여 완성한 작품을 전시하는 방법에는 무엇이 있을까. 가장 흔하게 사용하는 방법은 교실 뒤 게시판에 전시하는 것이다. 하지만 수묵화나 서예처럼 화선지를 이용한 작품은 초록색이 배경인 게시판에 그냥 전시하면 품격이 살아나지 않는다. 교사도 힘들게 가르치고 아이들도 정성을 다해 완성했는데 전시 방법이 좋지 않아 작품이 살지 않으면 속상하다. 복도나 창가라고 해서 딱히 어울리는 것도 아니다.

작은 그림 역시 마찬가지다. 교실 뒤에 전시할 때에는 8절 크기 정도는 되어야 제맛이지 작은 학습지 크기의 그림을 다닥다닥 붙여 놓으면 조잡한 느낌까지 든다. 이럴 때 아코디언북 형태를 활용하여 병풍처럼 만들면 색다른 느낌을 주면서도 세련되게 작품을 전시할 수 있다.

병풍책을 생각해 낸 것은 5학년 아이들을 맡았을 때였다. 학교에서 자율 연수로 수묵화 그리기를 배운 터라 미술 수업에 자신감을 가지고 아이들에게 수묵화를 가르쳤는데 초록색 게시판 위에 그냥 붙이니 볼품이 없었다. 첫 시간은 아이들에게 수묵화를 가르쳐 주고, 두 번째 시간에는 화선지에 직접 수묵화를 그리고 시조도 써서 완성해 보라고 했다. 그 사이 나는 완성한 작품을 병풍처럼 전시하기 위해 4절 도화지를 같은 크기로 계속 잘랐다. 그리고 아이들이 완성한 작품을 하나하나 가져올 때마다 4절 도화지 위에 붙여 병풍처럼 계속 연결해 나갔다.

아이들이 집으로 돌아가고 난 오후에는 완성된 병풍에 머메이드지로 표지를 만들어 붙이고 교실 뒤편에 있는 사물함 위에 전시했다. 색다르

화선지나 16절 도화지처럼 조금 다른 재료를 활용할 경우 병풍 형태의 아코디언북을 만들어 전시하면 작품도 살고 멋스럽다.

게 전시한 작품이 멋지게 보였는지 열린 교실 뒷문으로 동료 교사 몇 분이 들어와 작품을 감상하면서 "이걸 아이들이 했느냐" "어떻게 만들었느냐" 질문하며 감상하고 가기도 했다. 다음 날, 아이들은 병풍 형태가 자신의 그림을 더욱 돋보이게 해서인지 전시한 작품집이 매우 마음에 든다고 했다.

4학년을 가르치면서도 병풍책을 사용해 작품을 전시한 적이 있다. 처음으로 학년부장을 맡았을 때라 정신을 놓고 살다 보니 다음 날이 미술 시간인데도 준비물조차 안내를 못했다. 준비물도 없이 무엇을 하면 좋을까 고민하다가 색연필화를 그려 보기로 했다. 4학년 아이들은 사실적인 그림을 좋아하는데, 아직 표현 능력이 미숙한 경우가 많다. 색 표현이 부족해서 한 색으로만 단순하게 표현할 뿐 다양한 색깔을 섞어서 세련되게 표현을 하지 못했다. 그래서 12가지 색연필만으로도 멋진 색깔들을 만들어 낼 수 있음을 가르쳐 주기 위해 미술 책에 있는 그림을 색연필을 이용해 따라 그리게 했다.

색연필이라는 재료가 세밀하게 표현되어야 해서 16절 종이를 나누어 주고 그리게 했더니 크기가 작아 전시할 때 영 폼이 나질 않았다. 좀 더 세련되게 전시할 수 없을까 생각하다가, 사물함 한 칸을 메울 만큼 가득 쌓여 있는 검정 도화지를 이어 붙여서 병풍책을 만들어 작품을 붙여 보았다. 평면에 그냥 붙이는 것보다 작품도 살고 훨씬 세련돼 보였다.

나는 북아트 수업을 별로 힘들 게 생각하지 않는다. 북아트 수업을 한다고 해서 북아트 형식만 고민해서는 수업이 풀리지 않는다. 수업마다 항상 다른 문제가 있기 마련이고, 그 문제를 해결하는 방법 중 하나가 북아트라고 생각하면 북아트를 수업 안에서 편하게 활용할 수 있다. 작품 전시를 위한 병풍 형태의 북아트가 그런 예이다.

4면 북아트
아코디언북(병풍책)

필요한 재료
8절 검정 도화지,
가위, 풀, 금색 펜,
은색 펜

❶ 8절 검정 도화지를 4등분한다.

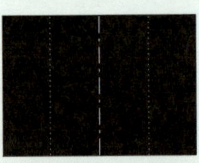

❷ 4등분한 검정 도화지를 접은 후 옆 그림과 같이 세로
길이의 1/4 정도 내려 접었다 편다.

❸ 책 안에 담을 내용을 정한 후 접어 내린 윗부분에 그림을 그리거나 사진을 붙인 후
테두리를 오려 낸다.

❹ 그림을 그린 아래쪽에는 제목과 조사한 내용을 쓰게 한다.

❺ 윗부분을 내려 접기한 후 지그재그로 접는다.

❻ 제목, 글쓴이, 표지 그림 등을 넣어 앞표지를 꾸미게 한다.

❼ 책을 읽고 나서 알 수 있는 것, 바코드, 가격 등을 넣어 뒤표지를 꾸미게 한다.

4면 북아트 100배 활용하기

▲ 물결책은 4면 북아트 중 가장 기본 형태의 책이다. 4절 머메이드지에 물결무늬를 그린 후 지그재그로 접으면 간단히 완성된다.

▲ 물결책은 심성 수련 활동이나 수학여행 후 시간과 장소에 따라 면을 나누어 글을 쓰게 할 때에도 효과적이다.

▲ 4면 북아트를 접기 전에 미리 1cm를 접어 놓고 서로 이어 붙이면 좀 더 긴 형태의 보고서로 활용할 수 있다.

▲ 소포를 쌀 때 쓰는 종이를 전지로 구입한 후 길게 반을 잘라 현장학습 보고서를 쓸 때 활용했다. 접는 횟수를 늘려 8면 아코디언북으로 만들었다.

▲ 4절지를 긴 방향으로 놓고 아코디언 형태로 접은 후 아래로 접어 내려 앞 장의 사이사이를 자르면 '문어발책'이 된다. 이 책은 방학 때 있었던 일을 주제별로 정리할 때 사용했다.

▲ 같은 문어발 책이지만 짧은 방향으로 4면 아코디언을 만들면 또 다른 멋진 책이 된다. 이 책은 학습 만화를 읽고 난 후에 만들었다.

문어발책은 154쪽에 만드는 방법이 소개되어 있어요.

3 부

독서와 보고서,
북아트로
어떻게 할까

북아트와 독서 지도
북아트와 보고서 쓰기
북아트 직접 만들어 보기 3 8면 북아트 : T-갈라접기책

공식적인 교육과정에 독서와 보고서 쓰기 영역은 없다. 그러나 어느 교사든 나름대로 독서 지도를 한다. 또 대다수 교사들이 보고서 쓰기를 통해 수행평가를 한다. 그러나 실제 책을 어떻게 읽어야 하고, 어떻게 보고서를 써야 하는지는 거의 지도하지 않는 게 현실이다.

북아트는 독서와 보고서 쓰기를 할 때 매우 유용하다. 책 한 권을 읽고 학습지 6장을 하라고 하면 못하는 아이들이 북아트로 6가지 활동을 하면 멋진 작품을 완성해 낸다. 만날 인터넷에서 자료를 베껴서 간신히 보고서를 써 내던 아이들이 북아트로 풀어낼 때는 책을 읽고 사진을 오려 가며 즐겁게 보고서를 쓴다.

그동안 우리 학급에서 실험 삼아 해 본 몇 가지 독후 활동과 보고서 쓰기 수업을 소개하려고 한다. 북아트는 독후 활동이나 보고서 쓰기와 궁합이 참 잘 맞는다.

북아트와 독서 지도

외국에서는 교과서에만 의존하지 않고 도서관에서 책도 찾아 읽고 주제에 대해 깊이 있게 공부하며 보고서를 쓰기도 한다. 이런 수업이 좋다는 것은 누구든지 안다. 문제는 무엇을 어떻게 해야 할지 잘 모른다는 거다. 자료로 주어진 것은 교과서밖에 없고, 교과서만 가르치기에도 수업시간이 모자를 지경이다.

나는 학습 독서와 교과 관련 책을 읽는 활동에 관심이 많다. 예전에는 학급에서 독서 지도를 하려면 반 아이들 전체가 똑같은 책을 읽어야만 한다고 생각했다. 마치 교과서를 가르치는 것처럼 말이다. 하지만 아이들에게 굳이 똑같은 책을 읽히지 않아도 얼마든지 독서 지도는 가능하다. 수업과 관련하여 책을 찾아 읽고, 읽은 책의 내용을 바탕으로 보고서를 쓰는 수업. 막상 시도해 보니 걱정했던 것만큼 어렵지는 않았다.

'생물이 환경에 적응하는 방법'에 관한 책을 찾아 읽고 보고서로 쓰기

5학년 2학기 과학에서 생물이 환경에 적응하는 방법에 대해 배울 때였다. 단원을 시작하면서 아이들에게 동기 유발을 위한 퀴즈를 몇 가지 냈다. 아이들은 마치 학교에서 공부할 내용쯤은 이미 학원에서 다 배우고 왔다는 듯 무관심하게 대답을 했다. 똑같은 내용을 또다시 학교에서 배우는 아이들에게 학교 수업은 얼마나 무의미하게만 느껴질까. 마음이 답답해졌다.

이 수업은 미리 계획했던 것은 아니었다. 다만 답답한 마음에 아이들에게 이런 말을 건네다 시작된 수업이었다.

"얘들아, 외국 아이들은 교과서란 게 없다고 하더라. 하나의 주제를 놓고 각자 책을 찾아 읽고, 그 주제가 끝날 때마다 새로 알게 된 내용을 보고서로 만든대. 예를 들어, '인디언'이란 주제만으로도 한 달을 넘게 배운다는 거야. 그러다 보니까 그 주제에 대해서는 박사가 된다. 그런데 우리나라는 수많은 학자들이 '이것도 가르쳐야 해. 저것도 가르쳐야 해.' 하면서 많은 내용을 다 집어넣어 교과서란 걸 만들어. 그러다 보니 배울 내용도 많아지고 매일 다른 내용을 배워야 해. 그렇게 배운 내용이 엄청나게 많다 보니까 정작 너희들 머릿속에는 하나도 남지 않는 거야. 우리 이번 시간에는 그런 공부 말고 진짜 공부를 해 보자. 교과서에서 설명하고 있는 내용 말고 한 가지라도 제대로 알고 넘어가 보자."

그렇게 이야기를 나누면서 칠판에 동그라미 하나를 그리고 '생물이 환경에 적응하는 방법'이라는 주제를 제시했다. 그리고 아이들이 알고 있는 지식들을 말하게 하며 마인드맵을 그려 나갔다. '밤에 활동하는 동물'과 낮에 활동하는 동물' '사막에서 사는 동물' '북극에서 사는 동물' 등 학원에서 미리 배운 내용들이 가장 먼저 나오기 시작했다. 더 없냐고 물었더니 '겨울잠을 자는 동물' '털갈이를 하는 동물' 등 아이들이 이미 알고 있던 지식도 덧붙이기 시작했다. 그렇게 이야기를 나누다 보니 제법 많은 정보들이 모였다.

"알고 보니 생물이 환경에 적응하는 방법이 참 많다. 그지? 칠판에 적은 내용 중에서 너희들이 이미 알고 있는 내용도 있을 거고 모르는 내용도 있을 거야. 이 모든 걸 다 자세히 아는 것은 무리야. 이 중 자신이 더 알고 싶은 것 하나에 대해서 만큼은 우리 박사가 되어 보자. 우리 점심시간에는 밥 먹고 다 같이 도서관에 가서 생물이 환경에 적응하는 방법에 관해 설명하고 있는 책들을 같이 찾아보자. 선생님도 도와줄게."

이렇게 이야기를 마친 후 우리 반은 점심을 일찌감치 먹고 다 같이 도서관에 갔다. 아이들은 내게 이런저런 책을 들고 와서 자기가 고른 책이 적합한지 물었다. 그때마다 나는 아이들이 들고 온 책의 목차를 훑어보며 내용이 적합하면 교실로 가져가서 읽어도 된다고 말해 주었고 적합하지 않으면 다시 찾아보라고 안내해 주었다.

골라 온 책은 아침독서 시간을 이용하여 집중적으로 읽게 했다. 이때 중요한 것은 이러한 책 읽기에 낯선 아이들에게 읽는 방법을 가르치는 것이다. "사막에서 생물이 환경에 적응하는 방법이 궁금하면 이를 중심으로 읽고 가장 새롭게 다가오고 흥미로웠던 사실을 찾아 정리해 보자"와 같이 구체적인 방법을 안내하며 읽게 했다. 1주일쯤 지나자 대부분의 아이들이 빌려 온 책을 다 읽었다고 했다.

과학 책을 읽고 나서 글을 쓸 때에는 그 책에서 말하고 있는 중요한 지식들을 찾아 정리하거나 새로 알게 된 내용을 중심으로 내용을 정리하며 쓰는 방법이 가장 대표적이다. 이러한 방법을 아이들이 좀 더 쉽게 익히도록 하기 위해 읽은 책에서 새로 알게 된 내용 중 가장 흥미로웠던 것을 4가지 뽑고 나서 각각의 주제에 관하여 이해한 내용을 설명하는 방식으로 써 보자고 안내했다. 이때 그 주제와 관련된 4가지 그림은 사진을 뽑아서 붙여도 좋고 그림으로 그려도 된다고 말해 주었다.

과학 보고서는 아침자습 시간을 이용해 1주일에 걸쳐 완성했다. 8절 머메드지나 검정 도화지를 이용한 4면 북아트 형식이다. 검정 도화지를 이용하고 싶은 아이들에게는 은색 펜을 준비해 올 수 있도록 미리 안내해 주었다. 첫날은 우리가 만들 책에 대해 소개한 다음, 종이를 접고 표지까지만 만들었다. 둘째 날은 글을 쓰는 방법에 대해 소개하며 4가지 내용 중 하나를 정해 다 같이 쓰고 발표하는 시간을 가졌다. 셋째 날과 넷째 날은 각자 책을 참고하며 나머지 3가지 주제를 완성하도록 안내했다. 마지막 날에는 뒤표지에 '이 책을 읽고 나면', 바코드, 가격 등을 적어 넣게 했다.

남자아이들이나 여자아이들 모두 다양한 내용의 보고서를 멋지게 완성해 냈다. 평소에 공부는 잘하지만 북아트에 대해서는 시큰둥해하던 경현이도 검정 도화지 하나만으로 보고서를 멋지게 완성하자 꽤 마음에 든

과학 시간 '생물이 환경에 적응하는 방법'이라는 주제와 관련하여 책을 찾아 읽고 보고서를 쓰도록 안내했다.

듯 사진을 찍어 달라고 말하기도 했다.

평소에 잘 읽지 않던 책들을 찾아 읽고 보고서로 꾸미는 2주일간의 과정이 아이들에게 그다지 쉽지만은 않았을 것이다. 그런데도 아이들은 스스로 책을 읽어 가며 공부하는 활동을 즐거워했다.

처음으로 해 본 교과 관련 독서 수업이라 진행이 많이 서툴었다. 하지만 직접 해 보고 나니 교과 관련 독서 수업을 할 때 꼭 똑같은 책을 읽지 않아도 지도할 수 있고 교과서가 아니어도 의미 있는 수업이 가능하다는 것을 알 수 있었다. 수동적으로 보이는 아이들이 알고 보면 스스로 문제를 해결해 나가는 수업을 좋아한다는 것도 깨달았다.

'태양계의 행성'에 관한 자료를 찾아 읽고 보고서로 쓰기
두 번째로 했던 교과 관련 독서 수업은 태양계와 관련된 단원이었다. 수성에서 해왕성에 이르기까지 태양계의 행성들에 대한 재미있는 이야기들이 참 많은데, 교과서는 짧은 지식들을 나열하기에만 바쁘다. 마침 학기 말이라 시간도 넉넉한 편이어서 태양계에 관한 책을 찾아 읽고, 보고서를 써 보자고 했다.

먼저 태양계와 관련된 내용이 담겨 있는 책을 도서관이나 집에서 찾아오도록 했다. 보고서는 태양계의 행성에 대해서 쓸 거라고 미리 안내를 해 주었다. 그러고 나서 책을 읽을 시간을 주었다.

시간이 넉넉했기 때문에 과학 시간을 이용하여 책을 만들었다. 이 책은 검정 도화지 1장을 나누어 준 후 짧은 쪽을 잡고 반을 접은 후 다시 긴 쪽으로 5등분하여 만들었다. 간단한 형태라 대부분의 아이들이 금세 접었다. 아이들은 표지 꾸미는 것에 굉장히 신경을 쓰기 때문에 표지를 꾸미는 데만 20분 정도 넉넉하게 시간을 주었다. 아이들에게 미리 준비해 오도록 했던 금색, 은색 펜이 검정 도화지와 제법 잘 어울렸다.

표지를 다 꾸민 다음에는 읽은 책을 참고하여 내용을 채우도록 안내했다. 펼치면 나오는 안쪽 다섯 면에는 태양, 수성, 금성, 지구, 화성에 대해 쓰도록 하고, 뒷면에는 목성, 토성, 천왕성, 해왕성에 대해 쓰도록 했다. 한꺼번에 다 쓰도록 하면 아이들이 힘들어하기 때문에 과학 시간에 1~2개 쓰도록 안내한 후에 아침자습 시간을 이용해 천천히 완성하도록 했다.

그 다음 과학 시간에는 검정 도화지를 완전히 펼쳐서 나오는 안쪽 면에, 과학 교과서를 보며 태양계의 모습을 따라 그리게 했다. 색연필로 궤도와 행성을 그리고 은색 펜으로 별빛 모양도 냈더니 제법 그럴싸한 태양계의 모습이 그려졌다. 아이들은 검정 도화지 위에 그리는 태양계의 모습이 실감 났는지 서로 자기가 완성한 태양계를 친구에게 보여 주며 더 멋진 작품을 완성하기 위해 노력하는 모습을 보였다.

지층과 화석 책을 읽고, 묻고 답하는 보고서 쓰기

4학년도 교과서에서 배운 내용을 확장하는 교과 관련 독서 수업이 가능할까. 시도를 하기 전에는 두려움 때문에 불가능하다는 쪽으로 마음이 기울었다. 막상 시도해 보고 나니 5학년 아이들보다 더 잘 해냈다. 안내만 잘한다면 더 아래 학년도 가능할 것 같다.

4학년 2학기 과학은 3단원과 4단원에서 지층과 화석에 대해 배운다. 두 단원을 배우는 한 달 동안 실험도 없어서 안 그래도 과학을 어려워하는 아이들에게 이 기간이 지루한 시간이 될 것만 같았다. 그래서 배경 지식

검정 도화지 1장으로 완성한 태양계의 행성에 관한 북아트이다.

도 쌓고 수업도 좀 더 깊이 있게 진행해 보기 위하여 독서 수업을 함께 해 보기로 했다.

먼저 아이들에게 '판게아설' '공룡이 멸망한 이유' 등 지층과 화석에 관한 재미있는 이야기를 들려주었다. 초롱초롱한 눈빛으로 관심을 보이는 아이들에게 《Why? 지구》(이광웅 글, 박종관 그림, 예림당, 2002) 《Why? 화석》(이광웅 글, 송회석 그림, 예림당, 2002) 책을 보여 주며 원하는 책을 사서 함께 읽어 보자고 말했다. 한 아이가 자기는 책을 별로 안 읽어서 엄마가 안 사 줄 것 같다고 걱정하길래 선생님한테 전화하면 대신 말을 해 주겠다는 약속도 했다. 혹시나 싶어 책을 사기가 부담스러울 경우 학교 도서관이나 동네 도서관에서 빌려도 좋다는 안내도 해 주고 집에 비슷한 내용의 책이 있으면 그 책을 읽어도 좋다고 말해 주었다.

아이들이 책을 읽은 후에는 과학 시간 중 1시간을 보고서 쓰기를 안내하는 시간으로 잡아 놓고 4절 흰 도화지를 이용해 간단히 6면책을 만들었다. 그러고 나서 '판타지 과학 대전' '화석에 대해 알려 주마' '지구를 구하라' 등 제목을 재미있게 지어 가며 표지를 꾸미는 시간을 가졌다.

이번에 만든 책은 쓸 지면이 모두 6면이 나왔다. 6개의 지면 위쪽에는 번호를 쓰도록 한 후, 어떻게 쓰는지 알려 주기 위해 첫 번째 지면만 같이 쓰기로 했다. 먼저 아이들에게 자신이 읽은 책을 꺼내어 목차를 펴 보라고 했다. 그중에서 '지구' 또는 '화석' 을 설명하는 데 가장 중요한 6가지 목차에 동그라미를 그려 보게 했다. 그리고 동그라미 친 목차 중 하나를 골라 '화석이란 무엇일까?' '지구의 내부 구조는 어떨까?' 처럼 질문으

배움을 키우는 교실 속 북아트

지층과 화석에 대한 책을 읽고 묻고 답하는 형식의 보고서를 썼다. 4절 흰 도화지로 간단히 접어 만든 6면책을 활용했다.

로 바꾸어 첫 번째 지면 위쪽에 쓰도록 했다. 다음으로는 질문으로 바꾼 목차에 해당하는 쪽수를 찾아 책을 보며 질문에 대한 대답을 써 보라고 안내해 주었다. 아이들은 목차를 질문으로 바꾸는 활동을 조금 어려워하기는 했지만 막상 바꾼 후에는 책에서 필요한 정보를 잘 찾아 썼다.

나머지 5개 지면은 아침자습 시간을 이용해 천천히 채워 가도록 했다. 빠른 아이들은 이틀 만에도 완성했고, 느린 아이들은 나흘이나 걸리기도 했다. 모든 아이들이 6개 지면을 완성한 후에는 가운데 비어 있는 공간은 자신이 원하는 내용으로 자유롭게 꾸며 보도록 했다. 주제가 화석이라면 화석 박물관도 좋고, 지구라면 암석이나 내부 구조 등의 내용을 자유롭게 채워 보라고 말해 주었다.

책을 다 완성한 후에는 서로의 작품을 감상하는 시간을 가졌다. 각자 만든 북아트를 돌려 보며 가장 잘된 작품을 뽑는 시간이다. 모둠별로 가장 잘된 작품을 뽑고, 다시 그 작품을 전체가 감상했다. 그런데 아이들의 평가 결과가 다소 황당하게 나왔다. 예쁘고 멋지게 꾸민 작품도 많은데 별로 눈에 띄지 않는 한 남자아이의 작품을 최고의 작품으로 뽑았던 것이다. 이 작품이 왜 잘 되었다고 생각하는지 궁금해서 아이들에게 이유를 물었다. 이 아이가 만든 책에 쓰인 글이 다른 아이들과 달리 정말 재미있다고 했다. 정말 그런가 싶어 읽어 보니 과연 일등으로 꼽힐 만하다 싶었다. 다른 아이들은 그냥 질문을 하고 대답하는 방식으로 썼는데, 이 아이는 두 아이가

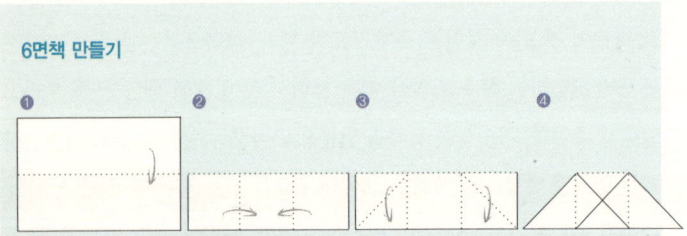

6면책 만들기

① 4절 흰 도화지를 준비하여 짧은 쪽을 잡고 반을 접는다.

② 반을 접은 상태에서 긴 쪽을 잡고 3등분하여 접는다.

③ 접은 종이를 다시 편 후, 양쪽의 종이를 대각선 모양으로 접었다 편다.

④ 오른쪽에 대각선으로 접은 종이 끝 쪽의 앞뒤 종이 사이에 손가락을 넣은 상태에서 앞쪽 종이만 안쪽으로 당겨서 대각선을 따라 접어 주면 오른쪽에 삼각형 모양이 만들어진다. 같은 방법으로 왼쪽도 삼각형 모양으로 접어 주면 6면책이 완성된다.

배움을 키우는 교실 속 북아트

유머 있게 서로 대화를 주고받는 형식으로 썼던 것이었다. 어떻게 꾸몄는 가보다 글을 어떻게 썼는가를 더 중요하게 평가하는 아이들을 보니 정말 기특했다.

독후감 쓰는 방법, 북아트로 익히기

학교에서는 '독서'를 체계적으로 가르치기 힘들다. 정식 교과가 아니기 때문이다. 그래서 대다수 교사들은 나름대로 아침자습 시간을 통해 책을 읽도록 지도하기도 하고, 다양한 독후 활동을 하기도 한다. 그러나 좀 더 면밀히 따져 보면 독서에 필요한 기술이나 방법들은 국어 시간 등을 통해 이미 지도하고 있다고 볼 수 있다. 예를 들어, 4학년 1학기 읽기 교과서 다섯째 마당을 보면 책을 읽고 할 수 있는 다양한 독후 활동을 소개한 후 직접 해 보도록 안내하고 있다. 문제는 교과서 안에 있는 6~8쪽짜리 자투리 글을 읽고 하는 독후 활동이 얼마나 의미가 있을까 하는 점이다. 아이들은 국어 교과서에서 했던 활동이 진짜 책을 읽으면서 할 수 있는 활동이라는 것을 잘 인지하지 못한다. 교과서의 의도나 목표가 어떠했든 간에 아이들은 이러한 활동을 오로지 국어 교과서 안에서나 하는 활동으로 받아들이는 것이다.

교과서에서 제시한 독후 활동이 좀 더 의미를 가지려면 실제 책을 읽으면서 해 볼 필요가 있다. 우리 반은 국어 교과서에 나오는 활동을 재구성해 4학년 수준에 맞는 책을 읽고 다양한 독후 활동을 직접 해 보기로 했다.

교과서 수업을 재구성했던 데는 몇 가지 까닭이 있다. 먼저 항상 책 읽을 시간이 부족한 아이들에게 제대로 책을 읽어 보는 경험을 주기 위해서였다. 독서 발달 단계로 볼 때 그림책에서 줄글 책으로 바뀌는 시기는 3~4학년 즈음이라고 한다. 이 시기에는 그림책이나 만화책만큼 줄글 책도 재미있다는 것을 깨닫게 해 주어야 한다. 저학년 때 책을 좋아하던 아이들이 중학년에 들어서면서 책에 대한 관심을 잃거나 만화책으로 빠지는 것은 줄글 책으로 넘어가는 단계에 대한 지도가 소홀했기 때문이다. 국어 교과서에 나오는 6~8쪽 정도의 자투리 글은 줄글 책을 읽도록 안내하기에 미흡하다. 그래서 국어 시간을 묶어서 2시간 정도의 시간을 주고 150쪽 이상의 긴 책을 끝까지 읽어 보도록 했다. 아이들은 이 시간을 굉장히 좋아했다. '나도 긴 책을 끝까지 한 번에 읽을 수 있다.' '긴 글로 된 책도 재미있다.'는 생각을 아이들의 마음에 심어 주기에 좋은 시간이 되었다.

독서와 관련된 국어 수업을 재구성한 또 다른 이유는 교과서에서 독후 활동을 무조건 한 가지 방법으로만 하는 것이 불만이었기 때문이다. 책을 읽는 방법도 다양하지만 책을 읽고 나서 표현할 수 있는 방법도 매우 많다. 그런데 교과서에서는 책 한 권을 읽고 나서 한 가지 독후 활동만 하도록 제시하고 있다. 짧은 글이야 한 가지 독후 활동으로 충분할지 모르지만, 긴 글은 좀 더 다양한 활동을 하도록 안내할 필요가 있다. 우리 반은 교과서의 짧은 글을 읽고 하나의 독후 활동을 해 보는 대신, 긴 책을 끝까지 읽고 여러 가지 독후 활동을 함께 해 보는 것으로 수업을 재구성했다.

국어 교과서에 나와 있는 6~8쪽의 자투리 글 대신 글이 긴 책을 찾아 읽고 5가지 독후 활동을 해 보았다.

먼저 하루의 절반 정도를 투자하여 아이들과 같이 책 읽는 시간을 가졌다. 아침자습 시간부터 쉬는 시간도 없이 거의 2시간 이상 조용하게 책만 읽었다. 아이들은 지루하다는 말 하나 없이 책을 읽었다. 평소에 책을 잘 읽지 않던 태윤이는 내가 추천해 준 《복실이네 가족사진》(노경실 글, 이혜원 그림, 산하, 2006)이라는 책을 읽으며 "정말 재밌어요, 선생님. 눈물 날 뻔했어요."라고 말하기도 했다. 3교시가 시작될 즈음 아이들은 책을 끝까지 다 읽었다고 했다. 책을 다 읽은 아이들에게 다양한 활동을 넣어 또 다른 북아트를 만들어 보자고 안내해 주었다.

다음 날, 마침 미술 시간도 있고 해서 독서 북아트를 만들기로 했다. 먼저 4절 도화지로 4면책 접기를 한 후 책 표지부터 꾸미도록 안내했다. 책 표지를 그대로 따라 그리는 것은 안 된다고 했더니 자기가 읽은 책의 한 페이지를 펴고 따라 그리는 아이들도 있고 상상하여 그리는 아이들도 있었다. 표지를 완성한 뒤에는 북아트 안쪽 두 면에 가장 인상 깊은 장면

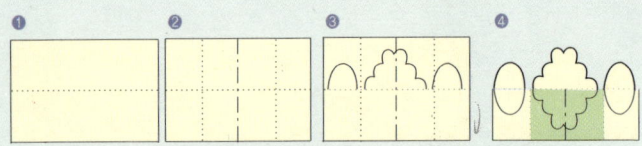

8면 팝업북 만들기

❶ 4절 머메이드지를 준비하여 가로로 길게 반을 접는다.

❷ 세로로 반을 접고 다시 대문접기를 하여 4등분한다.

❸ 위쪽 가운데 두 면에 입체로 세울 부분을 그리고, 양쪽에는 '독후시'와 '독서편지'라는 제목을 쓸 부분을 그려서 칼로 오린다. 칼로 오린 후에는 오린 부분을 위로 세우고 남은 부분은 아래로 내려 접는다.

❹ 양 끝 쪽에 세운 부분에는 독후시, 독서편지라는 제목을 꾸며 쓰게 하고, 아랫부분에는 글을 쓰게 한다. 가운데 두 면(연두색 표시 부분)에는 위로 세운 팝업 부분을 살려 독후화를 완성한다.

을 독후화로 표현해 보도록 했다. 평범한 평면 그림에 팝업 효과를 넣어 조금 색다르게 만들어 보라고 했다. 아이들은 팝업이 어려웠는지 몇 번이나 앞에 나와서 이렇게 하는 것이 맞느냐고 물어보았다. 다행히 몇몇 아이들이 성공적으로 팝업을 만들어 내자 다른 아이들도 점차 방법을 이해하고 작품을 완성해 갔다.

다음 날은 국어 시간에 글쓰기를 중심으로 독서 북아트 수업을 진행했다. 먼저 국어 교과서에 나온 방법들이 어떤 것들인지 확인하는 시간을 가졌다. 그리고 나서 자신이 읽은 책과 독서 북아트를 꺼내고, 교과서에 나와 있는 방법대로 왼쪽에는 '독서편지', 오른쪽에는 '독후시'를 써 보도록 했다. 아이들은 독서편지는 많이 해 보아서 그런지 쉽게 했지만 독후시는 조금 어려워했다. 끝으로 뒤표지에는 간단한 서평을 쓰기로 했다. 먼저 뒷면에 작은 네모 칸 한 개를 그리도록 하고 나서, 그 윗부분에 책에 대한 느낌을 한 줄로 쓰고 별점을 매긴 후 아래쪽에는 간단한 소감문을 쓰게 했다. 그리고 마무리로 바코드와 가격을 쓴 후, 앞표지에 자신의 이름을 넣어 'ㅇㅇㅇ 글·그림' '☆☆ 출판사'를 쓰는 것으로 마무리했다.

만든 책은 하나지만 '책 표지 꾸미기' '독후와 그리기' '독서편지 쓰기' '독후시 쓰기' '서평 쓰기' 등 모두 5가지 독후 활동을 담았다. 완성까지 3일이나 걸렸고 짬짬이 시간도 많이 들였다. 하지만 들인 시간과 노력만큼 예쁜 책이 만들어졌다.

긴 글 책을 읽고, 6가지 독후 활동하기

4학년 2학기 읽기 교과서 다섯째 마당에도 독서와 관련된 내용이 있다. 교과서에 제시된 목표는 '책을 끝까지 읽고 느낌을 말할 수 있다.'이다. 하지만 국어 교과서에서 제시한 활동처럼 10쪽 정도의 이야기를 읽었다고 해서 책을 끝까지 읽었다고 할 수 있을까?

아이들에게 교과서에서 제시한 목표와 활동을 비교해 보며 10쪽 정도의 책을 읽으면 진짜 책을 끝까지 읽은 거라고 할 수 있냐고 물었더니 아이들이 아니라고 했다. 진짜 긴 글 책을 끝까지 읽어 보는 것은 어떠냐고 물었더니 아이들이 좋다고 했다.

마침 학기 말이라 그동안 꼭 읽고 싶었던 책 한 권을 준비해 오라고 했다. 어떤 아이는 《수학귀신》(한스 마그누스 엔첸스베르거, 비룡소, 1997) 책이 꼭 한번 읽고 싶다고 했고, 어떤 아이는 독서 발표회에서 친구에게 들은 《몽실 언니》(권정생, 창비, 2000)를 읽어 보고 싶다고도 했다.

다음 날은 아침부터 클래식을 틀어 놓고 책을 읽기 시작했다. 처음에는 집중하지 못하던 아이들도 점점 조용해지더니 책장 넘어가는 소리만 들렸다. 아침자습 시간과 1교시가 지나고 쉬는 시간이 됐지만 아이들은 그대로 책을 읽고 있었다. 2교시가 조금 지나고 나니 슬슬 다 읽은 아이들이 생겨났다. 남은 책은 마저 읽어 오거나 내일 아침자습 시간에 읽기로 했다.

다음 날, 자신이 읽은 책을 북아트로 만들어 보자고 이야기하며 구멍 속으로 안이 들여다보이는 구멍책 만드는 방법을 안내해 주었다. 준비물은 색깔이 조금 연한 8절 머메이드지 1장, 칼, 커팅매트, 색연필, 사인펜이면 끝이다.

8절 머메이드지를 먼저 반을 접어 자른 후 1장만 간단히 기본 구조를 접어 표지 작업을 했다. 그 다음 책을 다 접어 엎은 상태에서 책 표지를 꾸미게 했다. 가능한 한 그림을 베껴 그리기보다는 생각하여 그려 보도록 이야기했지만 그림에 영 자신이 없는지 보고 그리는 아이들이 있었다. 반쯤 덮인 표지 안쪽에는 책 광고 꾸미기를 하도록 안내했다. 표지를 들추면 또 다른 속표지가 있는 셈이다. 겉표지를 완성한 후 펼친 면의 안쪽에는 가장 인상 깊은 장면을 골라 독후화를 그려 보자고 안내해 주었다.

한꺼번에 완성하려고 하면 아이들이 지칠 수 있기 때문에 책을 만들고 그림 그리는 활동까지 한 후에 일단 마무리 지었다.

다음 날은 남은 종이 1장을 가위로 오리고 모양을 낸 후에 글을 쓰게 했다. 왼쪽에는 내용 소개와 느낌을 포함한 감상문을 쓰도록 했고, 오른쪽에는 등장인물에게 편지 쓰기를 했다. 그러고 나서 독후화를 그린 곳에 글 쓴 종이를 덧붙이니 구멍 속으로 안이 들여다보이는 입체적인 작품이 완성되었다. 아이들은 점점 완성되어 가는 나만의 예쁜 책에 빠져들어 쉬지도 않고 열심히 만들었다. 다 완성하지 못한 아이들을 위해 다음 날 아침 자습 시간까지 완성할 수 있도록 했다.

셋째 날, 아침자습 시간에는 서평 쓰기를 포함한 뒤표지 꾸미기를 했다.

8절 머메이드지 1장을 이용해 만든 구멍책에 6가지 독후 활동을 담았다. 학습지로 하게 했더라면 지루해했을 분량인데, 작은 책 안에 다양하게 담았기 때문인지 아이들은 재미있게 책을 만들었다.

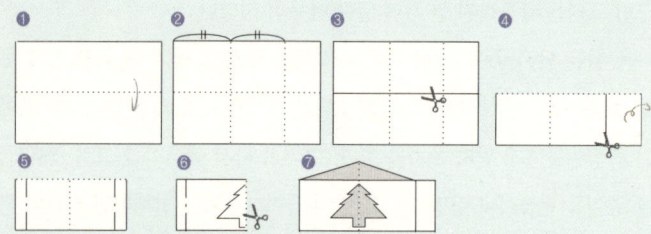

구멍책 만들기

❶ 8절 머메이드지를 준비하여 짧은 쪽을 잡고 길게 반을 접는다.

❷ 긴 쪽을 잡고 3등분을 한다. 이때 두 면의 길이는 같게 한 면은 약간 짧게 접는다.

❸ 긴 쪽으로 접은 선을 따라 가위로 끝까지 잘라 준다.

❹ 자른 종이 중 1장은 겉표지로 책 표지와 독후화를 그릴 때 사용한다. 그리고 또 다른 1장은 3등분한 종이 중 길이가 짧은 한 면을 가위로 잘라 버린다.

❺ 자른 종이의 양 끝을 1cm씩 뒤로 접어 준다.

❻ 접은 종이를 다시 반을 접은 후, 하트, 책, 트리 등 원하는 모양의 반만 그려서 오려 준다. 이때 자른 면의 위쪽과 아래쪽이 연결되어야 하므로, 위쪽과 아래쪽에 닿지 않도록 1cm 이상 남겨 두고 그림을 그려야 한다.

❼ 모양을 낸 종이에 글을 다 쓰고 나서, ④에서 미리 그림을 그려 둔 종이의 안쪽에 붙이면 책이 완성된다. 두 종이를 서로 붙일 때에는 ⑥ 종이의 1cm 이음면을 이용하여 붙이는데, 이 이음면을 다른 종이의 세 면 중 길이가 같은 두 면의 양 끝 쪽에 붙이면 된다. 그러면 원래는 두 종이의 길이가 같았지만, 1cm 뒤로 접었기 때문에 입체적인 효과가 난다.

가격과 바코드까지 적고 나니 뒤표지까지 모두 완성되었다.

그날 읽기 시간에는 감상 시간을 가졌다. 그림도 보고, 내용도 읽고, 표지도 보고. 아이들은 다른 친구들의 작품을 한참 동안 감상하고 품평했다. 가장 잘한 친구에게는 '토요 잔치 초대권'을 받는 특혜도 주고 기념사진도 촬영했다.

교과서에 나온 10쪽짜리 자투리 글 대신 긴 글을 읽어 보는 것도 좋았고 책을 읽고 나서 그 책과 관련된 자신의 생각을 묶어 또 다른 책으로 만들어 보는 것도 좋은 경험이었다.

다양한 읽기 방법 동원하여 위인전 읽기

독서에 관한 재미있는 설문 조사가 하나 있다. 부모들은 아이들이 역사, 과학, 위인에 관련된 책을 읽기를 바라지만 아이들은 만화, 동화책 순으로 읽고 싶어한다는 것이다. 부모와 아이들의 관심이 이렇게 다르니 참 문제다.

집에서 안 읽던 과학 책이나 역사 책이 학교에 왔다고 해서 갑자기 재미있어질 리 없다. 대부분의 교사들이 아이들이 만화책을 읽는 것을 싫어하는 것도 이러한 독서 현실 때문일 거다. 그렇다고 교사가 만화책만 즐겨 읽는 아이들을 지도하지 않을 수는 없다. 이 때문에 학급문고도 다양하게 갖추고 만화책이 아닌 다른 책을 읽으라고 권유하지만 아이들의 관심은 크게 달라지지 않는다. 아이들이 다양한 책을 읽지 않는다고 걱정만 하지 말고 만화가 아닌 책을 읽도록 직접 지도해 보는 것은 어떨까.

국어 수업 시간에 위인에 관한 이야기가 나왔다. 아이들에게 위인전을 많이 읽고 있냐고 물었더니 그렇다는 아이도 있고 제대로 읽어 보지 못

했다는 아이들도 있다. 아이들에게 일단 읽고 싶은 마음을 불러일으키기 위해 이런저런 퀴즈들을 먼저 내 보았다.

"거미 박사는 누구?" "옥수수 박사는 누구?" "김창숙은 여자? 남자?"

역시나 아이들은 잘 몰랐다. 이번에는 특별히 위인에 관한 책을 선생님과 함께 읽어 보는 기회를 주겠다고 이야기하고, 도서관에 가서 읽고 싶은 위인에 관한 책을 찾아오라고 했다. 단, 이미 널리 알려진 우리나라의 3대 위인—이순신, 유관순, 세종대왕—이나 너무 유명한 사람은 빼고 가능하면 다른 사람이 모르는 현대 위인들을 찾아보라고 안내해 주었다.

연개소문, 대조영, 광개토대왕, 허준처럼 텔레비전 드라마를 통해 널리 알려진 옛 위인 대신 아이들이 찾아온 것은 안철수, 김창숙, 김순권, 원병오, 남궁준 등 현대적인 위인들이었다. 그러고 나서 1주일 동안 아침자습 시간을 활용해 책을 읽게 했는데, 이때 앞으로 우리가 북아트 안에 담게 될 내용을 미리 예고하면서 어떻게 읽어야 하는지 안내했다.

- 시간의 흐름을 고려하며 위인이 한 일이 무엇인지 알아보기
- 위인이 한 말이나 행동 중 인상 깊은 장면 찾아보며 읽기
- 위인에게 하고 싶은 말 생각해 보기
- 가장 기억에 남는 장면 찾아보기
- 위인과 나의 공통점과 차이점 생각하며 읽기

이런 방법들을 간이 칠판에 써 놓고 아침자습 시간마다 아이들에게 보여 주었다. 준비 없이 읽고 그냥 쓰게 하는 것보다 미리 생각하며 읽는 것이

배움을 키우는 교실 속 북아트

더 나을 것 같아서였다. 위인전을 읽는 방법이 5가지만 있는 것은 아니지만 국어 교과서 내용과 관련지어 북아트 안에 담을 내용을 이렇게 정해 놓았다. 1주일 정도 지나자 대부분의 아이들이 책을 다 읽었다. 아직 못 읽은 아이들에게는 주말을 이용해 다 읽고 오라고 당부했다.

다음 1주일 아침자습 시간에는 자신이 읽은 위인전을 미리 제시한 방법에 따라 하나하나 정리하는 시간을 가졌다. 위인전 독후 활동은 T-갈라 접기를 응용한 북아트에 담았다.

첫날은 북아트의 기본 형태를 접고 표지를 꾸미는 것으로 마무리했고, 둘째 날은 위인이 한 일을 시간 흐름에 따라 정리해 보도록 했다. 셋째 날은 국어 교과서에 나온 방법대로 가장 인상 깊은 장면을 찾아보고, 그 장면이 왜 인상 깊었는지 설명하는 시간을 가졌으며, 넷째 날은 가장 많이 하는 독후 활동인 독후화를 그렸다.

5일째 되는 날에는 우리가 흔히 하는 주인공에게 편지 쓰기 대신 조금 방법을 바꾸어 내가 위인이 되어 편지를 쓰도록 안내해 주었다. 주인공에게 편지 쓰는 활동을 해 보면 대부분의 아이들이 처음에는 인사말로 시작해 약간의 글을 쓰다가 결국 답장을 해 달라는 내용으로 마무리 짓는다. 편지를 쓰는 이유는 위인의 삶을 이해하고 공감하도록 하기 위함인데 자기소개를 하고 위인에게 답장을 받는 것이 목적이 돼 버리는 거다. 그래서 위인에게 편지를 쓰는 것이 아니라 내가 위인이 되어 위인의 어린 시절, 위인이 한 일을 아이들에게 가르쳐 주듯이 편지로 써 보라고 안내해 주었다. 아래는 우리 반 현경이가 우장춘 박사가 되어 쓴 편지글이다.

나는야 우장춘!

안녕, 얘들아?

난 우장춘이야. ^_^

내가 하루아침에 씨 없는 수박을 만들고, 여러 식물을 만든 건 아니란다. 다 끊임없는 노력이 필요했지.

나도 때때론 힘들어 하기 싫을 때도 있고 잘 안 돼서 좌절하기도 했어. 어머니가 돌아가시고, 연구소가 불타고…… 그래도 난 희망을 버리지 않고 계속 연구에 힘썼어. 너희도 아무리 힘들고 슬픈 일이 생기더라도 희망을 버리지만 않으면 무슨 일이라도 해낼 수 있을 거야.

아 참, 내가 일본에서 태어났다는 것 아니? 어렸을 때, 애들이 지나가면서 '센진노고야! 센진노고야!' 할 때 참 짜증 났어. 그래도 참고 견뎌 내 점점 성장했어. 참 힘들었지. 그러다 한국에서 오라는 전보를 받았어. 그때 참 행복했단다.

너네도 앞으로 노력하고 희망을 버리지 마렴!

그럼, 안녕!

－우장춘 박사가

모든 아이들이 현경이처럼 잘 쓴 것은 아니었지만, 위인이 되어 편지글을 쓰게 하니 확실히 아이들이 좀 더 위인의 마음을 느끼는 듯했다.

마지막은 위인전 읽기에서 가장 중요한 부분으로 위인과 나의 공통점과 차이점을 밝혀 위인을 닮기 위한 다짐을 쓰는 시간을 가졌다. 아이들에게 위인전을 읽히는 이유는 아이들이 위인의 삶을 보면서 배울 점을 찾고 이를 본받도록 하기 위해서이다. 위인은 이래서 훌륭하니 본받아야겠다는 막연한 다짐보다는 좀 더 구체적으로 위인의 행동과 내 행동의 특성을 비교해 보면서 공통점과 다른 점을 찾아보았다.

이렇게 또다시 2주일간의 프로젝트를 마친 후에는 북아트 맨 뒤에 색종이 하나를 접어 붙여서 부모님께 작품에 대한 소감을 받아 적어 오는 숙제를 내 주었다. '열심히 했구나, 더 잘 쓰지 그랬니.' 처럼 간단하게 반응을 보여 준 부모님들도 간혹 계셨지만, 대부분의 부모님들이 아이들이 애쓴 만큼이나 길게 글을 써 주셨다. 한 어머니는 작은 색종이 안에 A4지를 덧대어 감사의 편지글을 써 주기도 했다.

4절 흰 도화지 1장으로 접어 만든 위인전 독후 활동 북아트이다. 미술 작품 감상 북아트와 같이 T-갈라접기라는 방법을 활용했지만 어떤 내용을 담는가에 따라 책은 이처럼 달라진다.

북아트를 통해 학습 만화 제대로 읽기

초등학교 아이들이 가장 친근하게 생각하고 좋아하는 책은 바로 만화책이다. 도서관에 가 보아도 다른 책은 먼지가 쌓여 가는데 만화책은 빌리기도 힘들다. 학습 만화가 아이들에게 가르쳐야 할 지식에 당의정을 발라 놓은 것이어서 수준이 낮고 비교육적이라는 비판을 받기도 하지만 아이들이 이토록 좋아한다면 제대로 읽는 방법을 가르쳐야 하지 않을까.

한번은 아이들과 '세계' 라는 주제로 '학습 만화 읽기 주간' 을 선정한 적이 있다. 아이들에게 공식적으로 허락한 만화 읽기 주간이었던 셈이다. 학습 만화이긴 하지만 내용에 따라 수준별 차이를 두어 책 선정에 대한 안내를 해 주었다. 세계를 주제로 한 만화책 중에서 요즘 가장 인기를 끌고 있는 것은 아이세움 출판사에서 나오는 〈○○에서 보물찾기〉 시리즈이지만, 만화책이라도 글자가 많은 걸 싫어하는 아이들에게는 〈카트라이더 세계 일주〉(학산문화사) 시리즈를, 조금 더 욕심을 내 수준을 올려 읽고 싶은 사람은 〈먼 나라 이웃 나라〉(김영사) 시리즈 중 하나를 읽어도 좋다고 안내해 주었다. 만화책을 좋아하지 않는 아이들을 위해 〈노빈손 시리즈〉(뜨인돌)처럼 동화책이 아닌 줄글 책을 읽어도 좋다는 안내도 해 주었다.

처음에는 1주일 정도 계획했지만 아이들 반응이 너무 뜨거워서 읽는 기간을 2주로 늘렸다. 학습 만화 읽기 주간 동안 아이들은 완전히 신이 났다. 쉬는 시간이나 남는 공부 시간에도 열심히 책을 읽었고 주제나 수준이 다른 책을 고루고루 읽었다.

책 읽기 주간이 끝난 다음 1주일 동안 북아트 보고서를 정리하는 시간을 가졌다. 먼저 4절 머메이드지를 나누어 주고 책의 형태를 만들게 했다. 각 나라에 대한 4가지 주제를 뽑아 소개하는 글을 쓰게 할 것이기 때문에 4면 아코디언북을 응용한 카드끼움책을 만들어 보기로 했다. 책의 형태가 다소 복잡하고 칼로 오려 내는 활동도 있어서인지 만드는 데 시간이 제법 걸렸다.

다음 날은 자신이 읽은 책에 소개된 나라 이름을 넣어 제목을 지어 보고 책 표지를 꾸미도록 했다. 다음으로는 그 책에서 소개하고 있는 나라에 관한 내용 중에서 가장 새롭고 재미있었던 이야기를 중심으로 4가지 주제를 선정하여 안쪽에 펼쳐지는 4면에 각각 소제목으로 써 보라고 안내해 주었다. 만약 인도라고 한다면 '인도의 음식 문화' '이슬람 건축물 타지마할' '유네스코 인도 문화재' '인도의 축제' 처럼 말이다.

그리고 나서 각 소주제에 대해 오려 낸 부분에는 그림을 그리고, 그 그림 안쪽에는 소주제에 대해 설명하는 글을 쓴 카드를 끼우도록 했다. 카드는 색 도화지 뒤에 두꺼운 도화지를 덧붙여 만들었다. 마지막 날은 책을 읽고 나서 내가 하고 싶은 한마디 말과 바코드, 가격, 작가 이름 등을 넣으며 끝마무리를 했다.

읽은 책은 비록 만화책이지만 아이들이 만들어 낸 작품들은 정말 근사했다. 평소에 꾸미기를 싫어해서 늘 툴툴대던 경채도 이 책은 은근히 마음에 들어했다.

이 책을 만들기 위해서는 만화가 아니라 만화 중간에 짬짬이 끼어 있는

세계와 관련된 학습 만화를 읽고 카드끼움책을 만들어 보았다.

긴 설명 글을 읽어야만 한다. 학습 만화는 만화보다 만화 사이에 있는 설명 글에 초점을 두고 있는 경우가 많다. 아이들은 대부분 만화만 즐겁게 읽을 뿐 설명 글은 읽지 않는다. 이번 활동을 위해 아이들은 만화 중간에 끼어 있는 설명 글을 꼼꼼히 읽고 이를 바탕으로 글을 썼다. 아마도 아이들이 학습 만화를 제대로 읽고 이를 글쓰기까지 연결해 본 것은 처음이었을 것이다.

카드끼움책 만들기

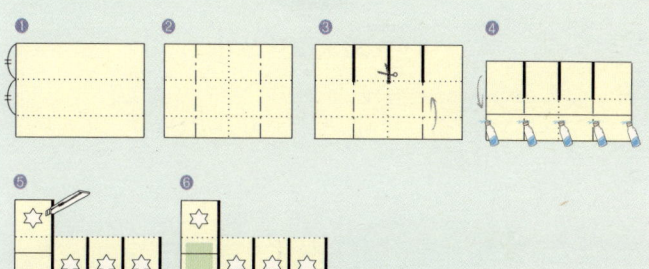

① 4절 머메이드지의 짧은 쪽을 길게 3등분한다. 위의 두 면은 같은 길이로, 아래의 한 면은 위의 두 면보다 3cm 정도 짧게 접는다.

② 다시 펴서 긴 쪽으로 잡고 길이가 같게 4등분한다.

③ 4등분한 종이를 펴서 그림 ③처럼 맨 윗부분의 접은 면을 각각 가로로 잘라 준다.

④ 그림 ③의 아랫부분을 올려 접은 후 사이사이에 카드를 끼울 수 있도록 가장자리와 접힌 면 사이를 우드락 본드로 가볍게 붙여 준다.

⑤ 윗부분을 내려 접은 후 그림을 그릴 부분을 모양을 내 칼로 오려 낸다. 이때 아래쪽에서 올려 접은 면보다 크지 않도록 오려야 모양이 예쁘다.

⑥ 만들어진 4개의 주머니 크기에 맞게 4장의 카드를 만든다. 이때 색 도화지에 두꺼운 도화지를 덧붙여 만들면 튼튼하고 좋다. 다 만든 카드는 4개의 주머니에 각각 끼우면 된다.

북아트와 보고서 쓰기

초등학교 4학년 이상이 되면 보고서 양식을 요구하는 대회가 많아진다. 과학 탐구 사례 보고서, 향토 탐구 사례 보고서처럼 말이다. 수행평가도 수준을 높여 보고서 양식을 요구하는 경우가 많다. 보고서는 어른들도 어려워하는 독특한 글쓰기이다. 그러다 보니 부모님의 도움을 받지 않고 아이들 혼자 하기는 쉽지 않다.

보고서 쓰기가 초등학생에게 군이 필요한가라는 의문이 들 수도 있다. 아직 자기 생각도 잘 풀어내지 못하는 어린아이들에게 객관성을 요구하는 글쓰기는 어려울 수밖에 없기 때문이다. 보고서 쓰기는 갈래로 따지면 설명하는 글이다. 설명하는 글은 우리가 늘 접하는 글 중 하나이며 생각처럼 아주 딱딱하고 어렵지만은 않다. 대회를 위한 보고서 쓰기는 엄격한 체계를 필요로 하지만 교실에서 아이들에게 가르치는 보고서는 그렇게 딱딱하게 할 필요는 없다.

북아트는 보고서를 쉽고 재미있게 풀어내고자 할 때 많은 도움이 된다.

북아트라는 형태가 놀이 형식을 띠다 보니 아이들에게 흥미롭게 다가갈 수 있고, 접어서 면을 나누는 형식이 담을 내용을 체계화해 주기 때문에 글쓰기를 구조화하는 데도 도움을 준다.

현장학습 보고서 북아트로 도전하기

처음 6학년 아이들을 데리고 수학여행을 갔을 때다. 석굴암을 보기 위해 엄청나게 걸었건만 보는 시간은 기껏해야 5분도 안 됐다. 그것도 제대로 보지도 못하고 줄 서서 스치듯이 겨우 한 번 보았다.

"애걔, 겨우 요거 보려고 이렇게 돈 내고 고생해서 온단 말예요. 이게 무슨 세계문화유산이에요. 별것도 아니네."

아이들이 무심코 한 말이 내게는 두고두고 상처가 되었던 것 같다. 현장학습에 대한 별다른 준비도 없이 따라갔고 새내기 교사라 아는 것도 별로 없고 경험도 부족했다. 실망하는 아이들에게 무언가 이야기를 해 주고 싶었는데 그 어떤 말도 변명이 되는 것만 같았다.

4, 5, 6학년의 경우 현장학습을 갈 때 교육과정과 연계를 고려해 문화재가 있는 곳을 많이 선택한다. 인천의 경우 4학년 때는 강화도, 5학년 때는 공주·부여, 6학년 때는 경주를 가는 것이 일반적이다. 문제는 이러한 현장학습을 아이들은 그다지 재미있어하지 않는다는 거다. 박물관으로 현장학습을 가면 다음 반을 위해 이동하기 바쁘다 보니 무엇 하나 진득하게 볼 수가 없다. 고궁이나 사찰과 같은 유형문화재를 보러 가도 마찬가지다. 줄 서서 기다리다가 대충 훑어보고 난 후 단체 사진 한 장 찍

고 돌아오는 게 전부다.

박물관이나 문화재 현장학습은 사전 준비가 매우 중요하다. 빠른 시간 안에 훑어보아야 하기 때문에 그만큼 준비를 하고 가야 한다. 이를 위해 학교에서는 현장학습 사전 자료를 나누어 주는 것이 일반적이다. 예를 들어, 강화도로 현장학습을 간다면 그곳에서 들르게 될 초지진, 강화역 사관, 전등사, 고려궁터 등에 대한 설명 자료를 미리 나누어 주고 읽게 하는 방식이다. 거기에 아이들이 본 것, 들은 것, 다녀와서 느낀 점 등을 쓰게 할 공간을 만들면 현장학습 자료집이 완성된다. 이러한 자료들은 '인디스쿨' '예은이네' 등 교사들이 많이 찾는 인터넷 사이트에서도 쉽 게 찾아볼 수 있다.

나는 이러한 일반적인 현장학습 자료집을 별로 좋아하지 않는다. 교사 입장에서는 고생해서 만들었는지 몰라도 아이들에게는 지루한 공부 중 하나일 뿐이기 때문이다. 실제 미리 나누어 준 자료집을 버리고 오는 아 이들도 있고, 현장학습에 들고 왔다고 해서 그 자료집을 의미 있게 다시 읽는 아이들도 없다. 그 자료집 덕분에 문화재와 박물관 관람이 정말 재 미있었다고 말하는 아이들도 물론 없다.

어떻게 하면 아이들에게 현장학습을 좀 더 의미 있게 경험하도록 할까 고민하다가 아이들이 직접 현장학습 조사 보고서를 완성하도록 했다. 현장학습에 가서 보게 될 여러 가지 문화재들을 미리 조사해 보고, 현장 학습을 다녀와서는 다녀온 소감과 알게 된 점을 쓰게 하는 방식으로 말 이다.

배움을 키우는 교실 속 북아트

2가지 주제로 떠난 현장학습 보고서, 북아트로 만들기

학기마다 가게 되는 현장학습. 아이들에게는 놀러 가는 것이 아니라 학습의 연장이고 실제 현장에서 체험을 하기 위해 가는 것이라고 말했지만 나는 이를 위해 얼마나 준비했던가.

재작년에 학년부장을 처음 맡으면서 현장학습을 위한 자료집을 만들어 아이들에게 나누어 주기도 하고, 전문 업체가 만든 자료집을 사다 가이드를 붙여 진행해 보기도 했다. 하지만 이러한 방식은 아이들 스스로 무언가 할 수 있는 여지를 교사인 내가 막아 버린다는 생각이 들었다. 아이들이 일방적인 설명을 들으며 따라다니기에만 바빴기 때문이다. 그래서 작년에는 사전 답사를 해서 준비를 제대로 하고 아이들도 먼저 공부하도록 한 후에 가야겠다고 다짐했다.

4학년은 지역화 교과서에 맞추어 우리가 살고 있는 지역의 문화재나 대표적인 시설로 현장학습을 가는 게 일반적이다. 인천의 경우 강화도에 있는 강화역사관, 고인돌, 광성보, 전등사 등을 둘러보는 과정으로 현장학습을 가곤 한다. 때마침 이소연 씨가 소유즈호를 타고 국제 우주 정거장에 갔기 때문에 동료 교사들이 '옥토끼 우주센터'란 곳에 가 보자고 했다. 결국 논의를 통해 옥토끼 우주센터, 전등사, 초지진이 4학년 현장학습 장소로 정해졌다.

우리 학교에서 처음 시도하는 현장학습 장소라 내심 걱정되어서 동학년 교사 1분과 답사를 가 보았다. 먼저 들렀던 곳은 옥토끼 우주센터였다. 이곳저곳 둘러보니 체험할 것도 많고 볼거리도 많아서 아이들이 재미있어할 것 같았다. 밖으로 나오는데 문득 팸플릿과 작은 학습 자료가 눈에 띄었다. 자료를 얻어 갈 수 있냐고 물어보니 안내하는 분이 가져가고 싶은 만큼 가져가도 된다고 했다.

옥토끼 우주센터를 나와서 전등사에 갔다. 마침 한 학교에서 가이드를 끼고 현장학습을 왔다. 조심스레 쫓아다니며 가이드의 설명을 들어 보았다. 전등사에 많은 이야기가 담겨 있다는 것을 알게 되었고 미리 조사해 볼 만한 가치가 있다는 생각이 들었다. 초지진은 현장학습 시간을 맞추기 위해 끼워 놓은 곳이었지만 워낙 작은 곳이라 역사적 의미를 알아야 제대로 볼 수 있겠다고 생각했다.

우주과학과 관련된 다양한 체험을 할 수 있는 옥토끼 우주센터와 강화도의 역사가 담긴 전등사와 초지진. 전혀 다른 이 두 곳에 대한 북아트

▼ 옥토끼 우주센터에 대한 소책자이다.

▶ 2가지 주제로 가게 될 강화도 현장학습 조사 보고서 북아트를 만들었다.

배움을 키우는 교실 속 북아트

보고서를 어떻게 만들면 좋을까. 잠시 고민하다가 골판지와 색종이를 이용해 뚝딱뚝딱 만들었는데 2가지 내용을 담기에 제법 쓸모 있어 보였다.

현장학습 3일 전. 먼저 현장학습 보고서를 쓰게 될 북아트를 만들었다. 2면 북아트 접기와 계단책을 활용하고 골판지와 색종이를 이용해 꾸미는 간단한 방법이다. 강화도라는 낱말이 들어가게 제목을 써서 표지를 꾸미게 하고, 초지진, 전등사, 옥토끼 우주센터로 나누어 색종이를 붙이게 했다. 초지진과 전등사는 사전에 역사적 정보를 미리 알고 가는 게 중요하다고 생각해 과제로 내 조사해 오게 했다. 아이들이 집에 가서 쉽게 자료를 찾을 수 있도록 내 블로그blog.naver.com/liebe544에 전등사와 초지진의 정확한 유래나 역사적 사건들의 정보와 사진을 올려놓고 참고하도록 안내해 주었다.

다음 날 사회 시간을 이용해 미리 준비해 놓은 전등사와 초지진 사진을 같이 보며 역사적 유래에 대해 이야기하는 시간을 가졌다.

"전등사에 가면 신기한 것을 볼 수 있을 거예요. 자, 이 사진을 보세요. 전등사를 만들던 목수가 있었어. 그런데 이 목수가 그 주변에 살던 주모랑 사랑에 빠진 거야. 그렇게 주모랑 알콩달콩 정을 쌓아 가고 있었는데 어느 날 그 주모가 목수가 벌어 놓은 돈을 다 가지고 도망을 가 버렸네. 목수가 얼마나 화가 났겠어. 그래서 이 절의 네 기둥 위쪽을 보면 벌거벗은 여인을 볼 수 있어. 주모 보고 평생 벌거벗은 채 절의 지붕을 들고 자신이 지은 죄를 회개하라는 뜻이래."

이야기를 나누며 사진을 보여 주니 아이들이 재미있어했다.

"초지진이 뭐 하는 곳인지 말해 볼 사람? 그래. 초지진은 조선시대 말에 서양 사람들이 우리나라를 침략했을 때 조상들이 맞서 싸우던 곳이야. 이곳에 가 보면 놀랄 거야. 정말 작거든. 그래서 더 역사적인 곳이지. 이렇게 작은 곳에서 얼마 안 되는 사람들이, 좋은 무기를 장전하고 쳐들어오는 서양 사람들에 맞서 싸우는데 얼마나 무서웠을까. 그런데도 꿋꿋하게 싸웠대. 그곳에 가 보면 대포를 쏘던 구멍으로 바다를 볼 수 있어. 그 구멍으로 바다를 바라보면 조상들의 마음을 헤아려 볼 수 있을 거야."

이렇게 초지진에 대한 이야기도 들려주었다. 이야기를 마친 후 미리 조사해 놓은 자료를 바탕으로 북아트에 전등사와 초지진에 대해 정리하는 시간을 가졌다. 옥토끼 우주센터에 대한 소책자와 워크북도 나누어 주고, 어떤 것들을 체험하게 되는지 미리 살펴보았다. 옥토끼 우주센터는 체험학습 위주로 진행하기 때문에 사전 조사보다 사후 지도가 중요할 것 같아서 나누어 준 자료들은 다녀온 후 북아트를 만들 때 쓸 것이므로 책상 속에 넣어 두라고 당부했다.

미리 준비해서 간 현장학습은 정말 재미있었다. 옥토끼 우주센터는 사람들이 많긴 했지만 볼거리와 체험할거리들이 많아서 아이들이 재미있어했다. 전등사와 초지진에 가서도 아이들은 예전처럼 지루해하지 않았다. 전등사에 가서는 네 기둥 위에서 처마를 받치고 있는 여인상을 보며 "진짜야, 진짜~." "네 기둥 위 여인의 모습이 다 달라. 잘 봐."를 외쳐 대며

배움을 키우는 교실 속 북아트

구경하느라 신이 났다. 초지진에 가서도 마찬가지였다. 대포 쏘는 구멍을 통해 바다를 보더니 "이 작은 곳에서 외국 사람들과 맞서 싸우려면 정말 무서웠을 것 같아요."라고 말하며 사뭇 진지한 표정을 지었다.

현장학습을 다녀온 다음 날부터 3일에 걸쳐 북아트를 완성하는 시간을 가졌다.

"얘들아, 우리 현장학습 가서 제일 먼저 무엇을 했지?"

"우주 관람이요."

"그래. 그럼 이제 여러분들이 가이드 선생님에게 들었던 내용이나 미리 워크북을 살펴보며 배웠던 내용에 대한 퀴즈를 내 볼게. 북아트에 문제를 적고 잘 생각해서 풀어 보세요."

"그 다음에 우리 3D 영화 봤지? 제목이 뭐였더라? 여러분이 봤던 영화의 내용을 정리해 봐요. 느낌과 함께 정리하면 더 좋고. 글을 다 쓴 사람은 팸플릿에서 관련 사진을 오려 붙여 멋지게 꾸며 보자."

다음 날은 그 다음에 갔던 곳부터 이야기를 나누며 꾸몄다.

"영화를 본 다음에 우리 어디에 갔는지 기억나니?"

"별자리 목걸이 만들러 갔어요."

"목걸이를 참고해서 별자리를 따라 그려 보고, 자신의 별자리 이야기도 정리해 보자. 우리 공룡관도 갔었지? 와~ 마침 팸플릿에 사진도 많다. 이런저런 이야기를 꾸며도 좋고, 내가 보았던 것, 들은 것을 적어도 좋아."

마지막 날은 현장학습을 다녀온 소감을 쓰고 평가하는 시간을 가졌다.

"이제 현장학습을 다녀와서 느낀 점, 알게 된 점, 아쉬운 점 등을 바탕으로 소감문을 쓰면 좋겠어. 자세히 쓰면 더 좋겠지?"

잔소리도 많고 요구도 많은 선생님의 안내에 따라 아이들은 사진 자료도 오리고, 글도 쓰며 보고서를 완성해 나갔다. 보고서를 다 쓴 후에는 평가회를 가졌다. 남자아이들이 여자 친구들을 도저히 따라갈 수 없다고 해서 남자, 여자로 나누어 작품을 모아 놓고 감상했다. 평가 기준은 '내용을 빠뜨리지 않고 충실하게 기록했는가?' '창의적이고 아름답게 꾸몄는가?' 였다. 평가 방법은 아이들에게 사탕을 하나씩 나누어 주고, 10분 정도 감상한 후 가장 잘한 친구의 작품 위에 사탕을 올려놓는 방식으로 진행했다.

현장학습에 이렇게 많은 시간과 정성을 들일 필요가 있는지 의문을 갖는 사람이 있을지도 모르겠다. 하지만 아이들은 준비를 철저히 한 만큼 현장학습을 제대로 할 수 있었고, 재미있게 본 만큼 정리 활동도 신나게 했다.

현장학습을 다녀온 후 북아트로 정리했다. 2면 북아트와 계단책을 활용하고 색종이와 골판지로 꾸몄다.

배움을 키우는 교실 속 북아트

박물관과 문화재, 계획부터 소감까지 북아트에 담아 보기

4학년 2학기 사회 교과서를 보면 우리나라 역사와 관련된 여러 가지 내용들이 나온다. 그중 하나가 '박물관과 문화재'이다. 최근 사회 교과에서 체험학습을 중요하게 다루다 보니 박물관과 문화재를 직접 찾아가서 보고 보고서를 작성하는 활동이 교육과정에 들어 있다. 이 때문에 2학기 현장학습은 국립중앙박물관과 경복궁으로 가기로 했다.

박물관을 하루에 본다는 것은 백과사전 한 권을 하루 동안 통째로 읽겠다는 것과 같다는 말이 있다. 박물관이나 문화재를 빨리 훑어보아야 할 때에는 모두 보겠다는 욕심은 버리고 한두 개라도 제대로 알고 보도록 지도하는 것이 중요하다. 어떤 순서로 보고 무엇을 중심으로 보아야 할지 계획을 세우기 위해 동학년 선생님들과 미리 답사를 가 보았다. 그리고 안내하는 분에게 이야기해서 팸플릿을 우리 학교 4학년 학생 수만큼 얻어 왔다.

사회 시간에 국립중앙박물관과 경복궁 팸플릿을 나누어 주며 아이들과 이야기를 나누니 더욱 실감이 났다. 아이들도 팸플릿에 나온 여러 사진들과 사회 교과서를 견주어 보며 "와~ 이거 사회 교과서랑 똑같아."를 연발했다.

사회 교과서에 나온 대로 현장학습 보고서를 쓰게 될 것이라고 안내해 주고 미리 학습 준비물로 신청해 놓은 소포지와 검정 도화지로 현장학습 보고서를 쓰기 위한 북아트를 만들었다. 8면 아코디언북을 응용한 형식이다.

8면 아코디언북 만들기

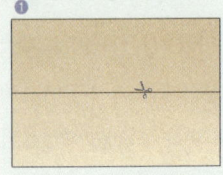 ① 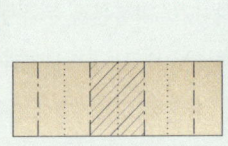 ②  ③  ④

❶ 소포지를 전지 크기로 준비하여 짧은 쪽을 길게 반을 접은 후 가위로 자른다.

❷ 자른 소포지를 반을 접고 다시 대문접기를 한 후 한 번 더 접어 8등분한다.

❸ 8절 검정 도화지를 긴 쪽으로 반을 접는다.

❹ ②에서 빗금 친 두 면이 뒤로 가도록 지그재그로 접은 후에 풀칠하여 ③에 붙인다. 그러고 나서 다시 반을 접으면 책이 완성된다.

◀ 검정 도화지로 표지를 만들었다.

▼ 소포지 전지를 반으로 나눈 후 8등분하여 접어 붙이면 책이 완성된다.

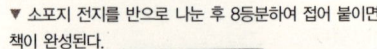

먼저 사회 교과서에 나와 있는 현장학습 계획서의 내용을 살펴보며 계획을 세워 보는 시간을 가졌다. 팸플릿을 보며 어떤 순서로 견학을 하게 되고, 그곳에서 어떤 문화재들을 중심으로 보게 되는지도 함께 알아보았다. 그 다음에는 경복궁에 대한 조사를 했다. 경복궁 팸플릿에는 경복궁 관람 코스는 물론 그 안에 있는 근정전, 사정전, 경회루, 강녕전, 교태전 등이 무엇을 하던 건물인지 자세히 설명해 주는 자료들도 함께 있었다. 팸플릿에 있는 사진을 오려 붙이고, 설명 자료를 요약하면서 경복궁에 대한 조사 보고서 부분을 완성하게 했다.

다음 날은 국립중앙박물관 팸플릿을 보며 어떤 문화재들이 전시되어 있는지 훑어보는 시간을 가졌다. 이 팸플릿에는 별다른 설명이 들어 있지 않았기 때문에 박물관에서 미리 얻어 온 설명 자료를 바탕으로 우리가 중심적으로 보게 될 유물의 사진과 설명서를 나누어 준 후 이를 보고서 안에 정리하게 했다.

이렇게 꼼꼼히 사전 조사하고 계획을 세워서 간 현장학습이어서 그런지 아이들이 무척 흥미롭게 참여했다. 견학을 간 날, 박물관에만 2,000명 정도의 관람객이 있었다. 그러다 보니 정신없이 돌아다니느라 시간을 낭비하는 아이들도 있고, 교사가 나누어 준 현장학습 자료의 빈칸을 채워 넣기 위해 유물은 보지도 못하고 설명서만 베껴 쓰느라 바쁜 아이들도 많았다. 우리 반은 미리 팸플릿도 보고 유물에 대한 사전 지식도 갖추었기 때문에 국보를 중심으로 보되 다른 것은 재빨리 훑어보는 방식으로 관람했다. 특히 우리가 미리 조사한 6개의 문화재는 오랜 시간을 두고 자세히 관찰했다.

"선생님, 이제 신라관이죠? 사진으로만 본 신라 금관을 직접 본다니 가슴이 막 떨려요."

"선생님, 백제 금동 대향로 좀 보세요. 진짜 글에서 읽은 것처럼 여러 가지 동물이 있어요. 옛날 사람들은 이걸 어떻게 만들었을까요?"

아이들은 다리 아프다는 말 한 번 하지 않고 경천사10층석탑의 조각 모양이 어떠한지, 광개토대왕릉비가 얼마나 높은지 흥미롭게 관람했다.

경복궁에서도 마찬가지였다. 근정전, 사정전, 강녕전, 교태전, 경회루를 관람하면서 많은 이야기를 주고받았다. 시간이 없어서 경복궁 옆의 국립고궁박물관 견학을 못했는데, 많은 아이들이 현장학습 때 가장 안타까웠던 일이 고궁박물관을 못 간 일이라고 썼을 만큼 아쉬워했다.

현장학습을 다녀온 다음 날에는 견학을 다녀온 소감을 쓰는 시간을 가졌다. 어떤 아이는 이 견학을 통해 우리 문화재의 소중함과 자랑스러움을 느꼈다고 했고, 어떤 아이는 박물관 안에서 문화재 사진을 마구 찍는 다른 학교 아이들의 모습이 부끄러웠다고도 했다. 가장 흥미로웠던 것은 교사들은 이번 현장학습이 너무 힘들었다며 다시는 이 코스로 현장학습을 안 갔으면 좋겠다고 말했는데, 아이들은 후배들에게 꼭 가 보라고 권하고 싶다고 했을 만큼 평가가 좋았다는 점이다.

박물관을 다녀온다고 해서 그 안에 담긴 조상의 숨결이 아이들에게 그대로 전해지는 것은 아니다. 며칠 동안 아이들이 스스로 계획하고, 조사하고 간 까닭에 단 하루의 현장학습이었지만 많은 깨달음을 얻고 영감을

사회 교과서, 팸플릿, 설명 자료를 읽고 정리하여 보고서로 작성하는 시간을 가진 후 현장학습을 떠났다. 8면 아코디언북을 활용한 형태다.

받는 시간이 될 수 있었다. 아이들은 내가 의도한 것보다 더 많은 것을 보고 배우고 느낀 듯했다.

심성 수련 활동, 물결책으로 정리해 보기

다른 지역은 어떠한지 모르지만, 인천 지역의 경우 고학년 학생들은 현장학습 이외에 심성 수련이라는 것을 떠난다. 2박 3일 정도의 여행이다. 프로그램을 주관하는 사람들이 따로 있고, 그곳에 교관들이 있어 학교 교사들은 아이들을 관리하는 것 이외에는 특별히 할 일이 없다. 심성 수련은 현장학습과 달리 별도로 조사하거나 준비하는 과정을 가질 수도 없다. 장소는 교장 선생님이 결정하는 경우가 많고 프로그램도 주최하는 쪽에서 진행하기 때문이다.

별다른 준비 없이 3일간의 심성 수련을 다녀왔다. 다양한 프로그램이 있어서인지 아이들은 대부분 즐겁게 참여했고, 겨우 3일뿐이었지만 교관 선생님과도 정이 들어서 헤어지기 아쉬워했다. 특별히 교사의 역할이 있었던 것은 아니지만 교육과정의 일환으로 다녀온 여행인 만큼 정리는 해 주어야겠다는 생각이 들었다. 어떻게 할까 고민하다가 예전에 강승숙 선생님이 수학여행을 다녀온 후 글쓰기를 어떻게 했는지 보여 주었던 것이 생각났다. 강승숙 선생님은 수학여행을 다녀온 후 아이들에게 종이 1장을 주고 글을 쓰라고 하는 건 옳지 않다고 했다. 한꺼번에 3일 동안의 일을 다 쓰게 하면 처음 출발할 때와 첫날의 일을 쓰다가 지쳐서 나머지는 대강 써 버린다는 것이다. 아이들에게 글을 제대로 쓰게 하려면 하루는 첫날 있었던 일만 쓰고, 다음 날은 두 번째 날, 그 다음 날은 세 번째 날 있었던 일을 쓰게 하는 게 좋다고 했다.

특별한 사전 준비가 필요 없는 심성 수련 활동의 경우 다녀와서 보고서를 정리하는 데 초점을 두었다. 물결책은 4면으로 구성돼 있기 때문에 첫째 날, 둘째 날, 셋째 날, 느낀 점 등으로 내용을 나누어서 정리하기에 매우 유용했다.

배움을 키우는 교실 속 북아트

강승숙 선생님의 조언에 따라 우리 반은 3일간 아침자습 시간을 통해 심성 수련에서 있었던 일을 4절 머메드지를 물결 모양으로 자른 물결책에 정리해 보는 시간을 가졌다. 물결책은 4면 아코디언 접기 형식으로 만들었기 때문에, 첫날, 둘째 날, 셋째 날, 느낀 점으로 나누어 내용을 쓰기에도 편리했고 완성한 모습이 예뻐서 전시하기에도 좋았다.

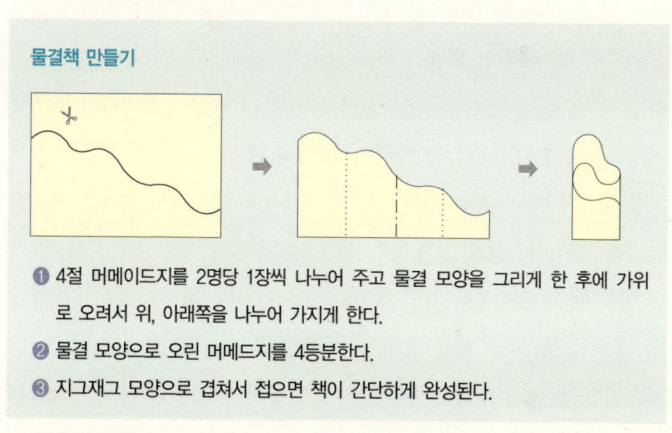

물결책 만들기

❶ 4절 머메이드지를 2명당 1장씩 나누어 주고 물결 모양을 그리게 한 후에 가위로 오려서 위, 아래쪽을 나누어 가지게 한다.

❷ 물결 모양으로 오린 머메드지를 4등분한다.

❸ 지그재그 모양으로 겹쳐서 접으면 책이 간단하게 완성된다.

다양한 주제로 북아트 보고서 만들기

보고서를 현장학습처럼 특별한 날만 대상으로 쓸 필요는 없다. 교과 학습 내에서도 다양한 보고서 쓰기가 가능하고, 방학을 주제로도 간단한 보고서를 정리할 수 있다. 보고서라는 이름이 딱딱하긴 하지만 북아트라는 형태를 이용하면 재미있는 글쓰기가 될 수 있다.

개학식 날 하는 북아트 – 문어발책

긴 방학이 끝나고 나서 아이들을 만나면 왠지 서먹서먹하다. 아이들도 나도 아직 몸과 마음이 풀어지지 않아서이다.

작년, 2학기 개학 날에도 어김없이 4교시에, 급식까지 해야 했다. 아이들도 나도 수업을 할 준비는 전혀 되어 있지 않았다. 방학 숙제도 검사해야 하고, 아이들 이야기도 들어 보아야 하는데 무엇을 어떻게 해야 할지 참으로 고민스럽기만 했다.

이날, 우리 반은 북아트를 만들었다. 북아트는 마땅한 쓸거리만 있으면 아이들을 몰입하게 만드는 매력이 있다. 또한 이런 곤란한 상황에서 시간을 벌기에 매우 좋다. 물론 가장 재미있거나 인상 깊었던 날을 떠올려 그림을 그리거나 글로 쓰게 하는 방식으로 시간을 때울 수도 있다. 하지만 방학 때 꼭 재미있는 일만 있었던 것은 아니다. 가장 슬펐던 일, 화났던 일, 지루했던 일, 짜증 났던 일, 황당했던 일, 웃겼던 일, 기뻤던 일, 서운했던 일 등 생각의 방향을 다양하게 열어 주고 여러 가지 이야기를 그림과 함께 북아트 안에 담게 하면 아이들도 굉장히 좋아하면서 열심히 한다.

개학식을 마친 후, 첫 시간은 오랜만에 만난 친구들과 간단한 인사도 나누고 한 명씩 돌아가며 방학 때 가장 재미있었던 일에 대해 이야기를 나누는 시간을 가졌다. 그리고 두 번째 시간에는 4절 도화지를 나누어 주고, 4가지 주제로 글을 쓸 수 있도록 4단 문어발 북아트를 만드는 시간을 가졌다. '따내기' 기법을 이용해 북아트에 구멍을 내서 그림을 그릴 공간도 주었다. 글을 많이 쓰고 싶은 사람은 구멍을 조금 내고, 글보다 그림을 강조하고 싶은 사람은 구멍을 크게 하라는 안내도 해 주었다. 그러고 나서 방학과 관련하여 자신이 정한 3가지 주제와 '2학기 때 나의 각오'를 넣어 작품을 완성하도록 안내했다.

아이들이 북아트를 완성하는 동안 거의 3시간의 여유를 갖게 된 나는 아

'가장 황당했던 일' '화났던 일' '지루했던 일' '짜증 났던 일' 등 방학 중에 있었던 다양한 주제로 글을 쓰고 그림도 그려서 문어발책에 담았다.

오랜만에 만나서 갑자기 4시간이나 수업을 해야 하는 부담스러운 개학 날. 북아트는 방학 생활을 정리하고 새 학기 계획을 세우면서 여유롭게 개학 날을 보내기에 좋다.

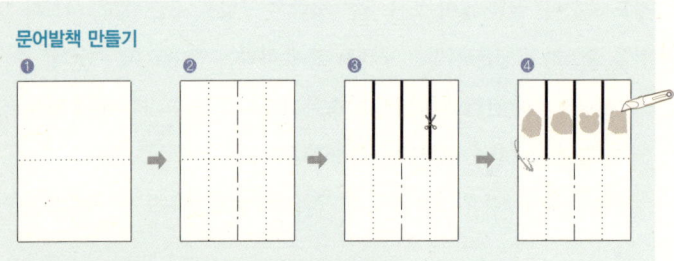

문어발책 만들기

❶ 4절 흰 도화지를 준비하여 긴 쪽으로 반을 접는다.
❷ 다시 짧은 쪽으로 먼저 반을 접고 대문접기를 하여 4등분한다.
❸ 4등분한 면의 위쪽 사이만 가위로 오린다.
❹ 윗부분에 모양을 내어 그린 후 칼로 오려 내고 반으로 접어 내린다.

이들을 1번부터 끝 번까지 한 명 한 명 앞으로 불러서 숙제도 검사하고, 얼굴도 어루만져 주고, 방학 동안 어떤 일이 있었는지도 직접 들을 수 있었다.

오랜만에 4시간이나 수업을 했지만 북아트를 만들며 보내서인지 나도, 우리 반 아이들도 그 시간이 지루하거나 힘들게 느껴지지 않았다. 이런 저런 이야기도 나눌 수 있어서 그동안 생긴 거리감도 줄이고 아이들의 방학 생활도 꼼꼼히 점검할 수 있었다. 완성한 북아트로 교실 환경도 새롭게 꾸몄으니 이런 게 바로 1석 2조가 아닐까.

학교 주변 탐구 보고서, 북아트로 해 보기

초등학교에서는 아이들의 발달 단계상 학교나 우리 동네에 대해 관심을 갖도록 하는 경우가 많다. 마을 지도 그리기, 우리 마을에 있는 시설 알기, 우리 마을 사람들이 하는 일 알기 등 교육과정 안에서 다루는 내용도 있고 우리 학교 주변에 있는 산이나 하천 등에 대해 조사 보고서를 작성하는 교과 외 활동도 있다.

첫 근무지에서는 인천 갈산동 옆에 있는 '굴포천' 이란 곳을 열심히 조사했고, 두 번째, 세 번째 학교에서는 학교 주변에 있는 '계양산' 을 자주 오르내렸다. 지금 있는 학교는 학교 뒤쪽에 있는 '철마산' 에 대한 보고서를 쓰는 것이 학년 특색 사업이라고 했다. 아이들에게 철마산에 대해 얼마나 알고 있는지 물어보았다. 아이들은 가족과 함께 자주 간다고 하면서도 철마산에 대해 그다지 자세히 알고 있지는 않은 것 같았다. 그래서 아이들과 함께 2주 동안 철마산에 대한 보고서를 쓰기 위한 계획을 세웠다.

첫날은 먼저 색 도화지 4장을 나누어 주고 간단히 계단책을 접게 했다. 계단책을 만든 까닭은 만들기가 쉽고, 계단 형태에 목차를 쓸 수 있어 계획적으로 글을 쓰는 데 매우 유용했기 때문이다.

책을 만들고 나서 제목을 쓰는 시간을 가졌다. 제목을 쓸 때에는 '철마산 보고서' 처럼 재미없고 딱딱한 제목이 아니라 '철마산으로 가는 기차' '철마산, 내가 알려 주마' 처럼 자신만의 멋진 제목을 붙여 보자고 안내했다. 아이들이 각자 제목을 정해 열심히 꾸미는 동안 나는 돌아다니며 스테이플러로 책을 고정해 주었다.

제목을 다 꾸민 후에는 보고서에 들어갈 목차를 정하는 시간을 가졌다. 먼저 아이들과 철마산에 대해 무엇을 알고 싶은지, 보고서에 어떤 내용이 들어가면 좋을지에 대해 이야기를 나누었다. 처음에는 '철마산 등산로' '철마산의 시설' '철마산에 있는 식물' '철마산에 있는 동물' '철마산의 유래' 등 다소 뻔한 내용이 나왔다. 그 외에 재미있는 것들을 넣어 보자고 생각의 방향을 조금 열어 주었더니 아이들답게 '철마산에게 시 쓰기' '철마산에게 편지 쓰기' '철마산과 인터뷰하기' '철마산 광고하기' 등도 넣고 싶다고 했다. 지금까지 한 이야기들을 바탕으로 자신이 조사하고 싶은 내용을 7가지 골라서 계단책에 목차를 적어 보자고 했다.

8절 색 도화지 4장으로 간단하게 만드는 계단책이다. 계단책은 목차를 작성하는 방법을 체계적으로 가르치고, 각각의 목차에 대한 내용을 글로 쓰도록 하는 데 편리한 형태를 가지고 있다.

배움을 키우는 교실 속 북아트

목차까지 완성한 후에는 2주일에 걸쳐 보고서를 완성하기로 했다. 대신 1주일 동안 적어도 3개 이상은 완성해야 하고 보고서를 쓸 때에는 인터넷으로만 하지 말고 친구들과 직접 철마산에 갔다 와서 쓰자고 약속하며 보고서를 집으로 가져가게 했다.

1주일쯤 지났을 때 지금까지 작성한 보고서에 대한 중간 점검 시간을 가졌다. 아이들 작품을 보며 새로운 방법, 부족한 점 등에 대해 이야기를 나누기 위해서였다. 대충해서 벌써 완성한 아이도 있었고, 1개밖에 완성 못한 아이들도 있었다. 대개 3~4개 정도 완성한 아이들이 많았다. 아이들의 작품을 보며 칭찬을 해 주고 있었는데, 문득 한 아이의 글이 눈에 띄었다. 다른 아이들은 그냥 설명하는 방식으로 썼는데, 이 아이는 가이드가 철마산에 대해 안내하는 방식으로 재미있게 풀어 썼던 것이다.

"안녕하십니까? 저는 철마산에 대해 설명해 줄 입박사입니다. 에~ 지금부터 철마산의 등산로부터 알아볼까요. 여기 그림이 보이시죠. 이쪽이 바로……."

정말 재미있어서 아이들에게 읽어 주며 이런 글쓰기도 있다는 것을 알려 주었다. 사진을 붙인 아이, 그림을 그린 아이, 글쓰기가 독특한 아이 등 다른 친구들의 장점을 보여 주며 다양한 보고서 쓰기가 가능하다는 이야기를 나누었다.

약속한 2주일이 지난 후에 아이들은 저마다 열심히 완성한 보고서를 가지고 왔다. 지난주 중간 점검 단계에서 친구들과 작품을 비교해 본 후 자

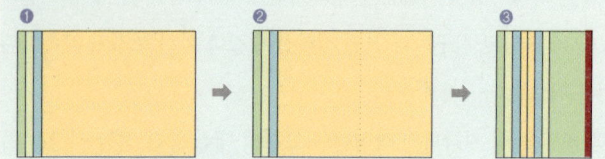

계단책 만들기

❶ 각각 색깔이 다른 8절 색 도화지 4장을 준비해 1cm 정도씩 보이도록 겹쳐 놓는다.

❷ 겹쳐 놓은 상태에서 맨 위 종이를 왼쪽 면이 1cm 남도록 접는다.

❸ 오른쪽을 스테이플러로 고정하고 그 위에 제본 테이프를 붙인다.

기 것이 마음에 들지 않는다며 욕심을 내 새로 만들어 온 아이들도 제법 있었다. 아이들이 완성해 온 보고서는 하나도 버릴 것 없이 저마다 정성이 깃들어 있었다.

아이들이 하나의 주제를 정해서 직접 찾아다니며 조사 보고서를 꾸민 것은 이번이 처음이었을 것이다.

토요 체험학습 보고서, 다양하게 만들어 보기

학교에서 토요 휴업일이 시작된 이후 주말을 이용해 가족이 체험학습이나 여행을 떠나는 경우가 많아졌다. 학교에서는 가족들이 함께 체험할 만한 장소를 안내해 주고, 토요 휴업일에 무엇을 했는지 A4 1장 크기로 보고서를 내거나 일기를 쓰게 하는 방법으로 사후 지도를 하는 것이 일반적이다.

북아트에 재미를 붙여 한창 이렇게 저렇게 활용하던 첫해의 일이다. 우연히 한 출판사에서 '토요 체험학습 보고서'를 주제로 대회를 한다는 정보를 얻었다. 체험학습을 주제로 책을 내려고 하는데 가장 잘된 보고서를 싣기 위해 대회를 개최한다는 것이었다.

우리 반은 북아트로 보고서 쓰기를 계속 하고 있었는데, 마침 이런 대회가 열린다고 하니 한번쯤 나가 보아도 괜찮겠다는 생각이 들었다. 아이들에게 토요 체험학습 보고서 대회에 대하여 안내해 주고 상품이 무엇인지도 알려 주었다. 그랬더니 거의 모든 아이들이 보고서 대회에 나가겠다고 하는 거다.

그동안 배운 북아트 보고서 솜씨도 뽐내고, 토요 체험학습 활동도 한번쯤 정리해 보는 셈치고 아이들과 보고서 만드는 시간을 가졌다. 재료는 충분하니 가장 자신 있는 방법으로 북아트 보고서를 만들어 보라고 했다. 어떤 아이는 머메이드지로 문어발책을 만들었고, 어떤 아이는 하드보드지와 색종이를 이용해 주머니책을 만들기도 했다. 대회라서 그런지 몰라도 아이들은 사진도 오려 붙이고, 이런저런 자료들도 찾아 가며 그동안 했던 것보다 더 열심히 완성하려는 모습을 보였다. 3시간을 주었는데도 부족했는지 몇몇 아이들은 집에서 더 완성해 오겠다며 가져가기도 했다. 그렇게 아이들이 정성껏 완성한 토요 체험학습 보고서를 출판사로 보냈다.

검정 도화지를 이어 붙인 접이책에 토요 체험일에 감자를 캤던 일을 정리해서 대상을 받은 세미의 북아트 작품이다.

가족과 함께 청계천에 갔던 일을 카드끼움책 안에 담아 은상을 받은 현경이의 작품이다. 종이 띠 부분은 고등학교에 다니는 언니가 도와주었지만 나머지는 자신이 직접 했다면서 자랑했다.

인체의 신비전을 다녀온 내용을 문어발책에 담은 민지, 63빌딩에 다녀온 경험을 주머니책에 담은 수빈이, 철마산에 대한 내용을 계단책으로 만든 미나는 동상을 받았다.

배움을 키우는 **교실 속 북아트**

그리고 한 달쯤 지나서였다. 대회 담당자에게서 연락이 왔다. 우리 반 아이들이 대상, 은상, 동상을 휩쓸었다는 것이었다. 출판사에서 개인적으로 주최하는 대회라 참가하는 아이들이 많지 않기도 했지만, A4 종이에 손 글씨로 쓰거나 프린터로 인쇄해서 낸 다른 보고서에 비해 예쁘고 다채로운 북아트 보고서가 그만큼 눈에 띄었기 때문이다.

얼마 후 출판사에서 보낸 상품들이 우리 반에 가득 배달되어 왔다. 감자 캐기를 주제로 접이책을 만들어 대상을 받은 세미는 디지털카메라를 받았다. 청계천을 주제로 카드끼움책을 만든 현경이에게는 자전거가 배달되었는데, 부피가 너무 커서 현경이 어머님께 연락해 바로 가져가실 수 있도록 부탁드렸다. 철마산 보고서를 쓴 미나와 63빌딩 보고서를 쓴 수빈이, 그리고 인체의 신비전에 대해 쓴 민지는 동상에 해당하는 상품인 스포츠 가방을 받았다. 나머지 아이들도 대부분 참가상을 받았다. 한 해 동안 북아트로 열심히 공부한 보상을 톡톡히 받은 셈이었다.

8면 북아트
T–갈라접기책

필요한 재료
4절 머메이드지,
가위, 풀

❶ 4절 머메이드지를 긴 쪽 종이 방향으로 반을 접고, 다시 펼친 후에 마주 보게 대문접기하여 4등분한다.

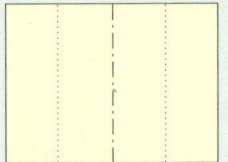

❷ 짧은 쪽으로 다시 반을 접어 8등분이 되도록 한다.

❸ 아래와 같이 T모양으로 오려 낸다.

❹ 책이 포개어지도록 잘라 낸 부분을 그림과 같이 지그재그로 접는다.

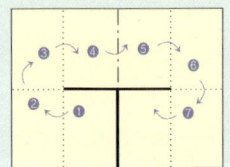

❺ 맨 앞표지에 나무, 꽃, 구름, 곤충 등의 모양을 넣어 그리고 오리도록 한다.

❻ 내용을 채운 후 펼치면 다음과 같은 책 모양이 나온다.

8면 북아트 100배 활용하기

▲ 짧은 쪽으로 4등분하는 8면 북아트를 긴 쪽으로 4등분하여 접은 후 이어 붙이면 위와 같이 병풍 느낌의 책이 된다.

▼ 8면 북아트에 코나 입술 팝업을 넣으면 이야기를 담은 책이나 얼굴이 있는 편지로 쓸 수 있다.

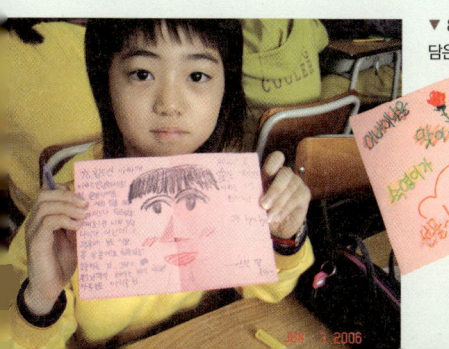

4 부

북아트와 수업,
다시 생각하기

북아트 직접 만들어 보기 4 기타 북아트 : 주머니책

북아트 수업을 해 보기 전에는 다른 교사들이 아이들과 함께 만든 북아트 작품을 보면서 막연히 부럽고 재미있겠다는 생각을 했다. 직접 북아트를 배우면서 어른인 나조차도 활동에 빠져들어 쉬는 시간을 잊고 몰두하는 경험을 하며 아이들이 정말 좋아하겠다는 확신이 들었다.

북아트 수업에 대한 막연한 기대로 시작한 첫해에는 그야말로 무엇을 어떻게 해야 하는지 정확한 방향이나 방법을 모른 채 열정만을 가지고 열심히 했다. 북아트 수업을 왜 해야 하는지, 어떻게, 얼마만큼 하는 것이 적절한지, 어떤 모양을 적용하는 게 더 적합한지에 대해 생각하기보다는 내가 배운 이런저런 북아트 방법에 수업을 끼워 맞추느라 바빴다. 늘 새로운 방법을 생각하려고 애썼고, 다양한 북아트 재료를 구하느라 분주했다.

그즈음 한 남자아이가 이런 질문을 했다.

"선생님, 저는요. 꾸미는 게 정말 싫은데 북아트로 안 하면 안 되나요?"

북아트를 활용한 수업을 아이들이 재미있어한다고 생각해 온 나는 순간 당황할 수밖에 없었다.

"물론이야. 선생님은 북아트를 가르치기 위해서 수업하는 게 아니고, 수업을 하기 위해 북아트를 하는 거거든. 그러니까 네가 북아트가 부담스러우면 공책이나 종합장 같은 곳에 그냥 해도 돼."

혹시나 싶어 다른 아이들에게도 북아트가 부담스러우면 다른 방법으로 정리해도 된다고 말해 주었다. 다행히 그 남자아이 이외에 불만을 가진 아이는 없었다. 하지만 그 아이 덕분에 내 북아트 수업을 좀 더 냉정한 눈으로 되돌아볼 수 있었다. 어느 정도 거리를 두고 우리 반 아이들을 살펴보니 수업 내용보다 예쁘게 만들고 꾸미는 데 더 정성을 기울이고 있었다. 북아트 수업이 정말 좋다고 다른 사람들에게 늘 확신 있게 이야기하던 나는 흔들리기 시작했다.

그해 겨울 이런저런 책을 찾아 읽다가 《수업을 왜 하지?》(서근원, 우리교육, 2007)를 보게 되었다. 교사들이 늘 해 온 수업에 대해 본질적인 질문을 하며 깊은 생각을 하게끔 하는 책이었다. 이 책을 읽다 보니 내 고민을 그대로 담은 듯한 내용도 있었다.

윤혜숙 교사는 학생들이 교과 공부에 관심을 갖게 하는 데 따르는 어려움을 수업 방법을 다양하게 함으로써 해결하려고 한다. 윤 교사는 마인드맵 만들기와 함께 신문활용교육(NIE)이나 미니북 만들기 등을 수업 중에 자주 사용한다. 이 방법들은 학생들이 직접 조작하는 활동을 많이 필요로 하는데, 학생들은 여기에 흥미를 가지고 참여한다. 그런 경우에 학생들은 교사가 자꾸 개입해서 중단시키는 것을 귀찮아 하기도 한다. … 그런데 이런 방법들은 학생들의 흥미를 이끄는 것으로서는 효과적 이지만, 수업을 통해 학생들이 배워야 할 것이 배경으로 밀려나게 되는 위험 또한 안고 있다. … 학생들은 마인드맵을 왜 만들어야 하는지는 물론이고 이 수업을 통 해서 무엇을 배웠는지도 모르게 된다. … 따라서 이런 문제를 해결하기 위해서는, 다양한 수업 방법을 수업에 도입함으로써 학생들이 교과 공부가 아닌 수업 방법에 더 관심을 갖게 하는 것보다는, 교과 공부 그 자체에 관심을 갖도록 할 필요가 있 다. … 그것은 마인드맵을 통해 자전거 타는 법을 가르치는 것이 아니라, 학생들이 직접 자전거를 타 보도록 하는 것과 같다. 그렇게 할 경우 교과 내용은 사라지고, 그것을 가르치기 위해서 동원된 수업 방법만 남는 실수는 범하지 않을 것이다.

저자의 말처럼 북아트를 함으로써 수업을 통해 아이들이 배워야 할 것들 이 배경으로 밀려나지는 않았는지 그동안의 내 수업을 반성해 보았다. 되돌아 보니 그동안 나는 학습 내용, 수업 자체보다 다양한 재료와 방법 을 활용하여 가시적으로 꾸미는 데 더 많은 비중을 두었던 것만 같았다. 수업만큼은 항상 자신 있다고 생각해 왔는데, 갑자기 움츠러드는 듯한 느낌까지 들었다.

이듬해, 북아트를 수업에 적용하며 여러 고민이 들었다. 할까 말까 망설 이다 다시 시작한 북아트 수업이었다. 어렵다는 4학년 1학기 사회 교과를 북아트로 풀어 가다 보니 왠지 모를 자신감이 붙었다. 다른 반 아이들과 달리 우리 반 아이들은 사회를 그다지 어려워하지 않았다. 사회가 제일

싫다던 한 남자아이는 "사회는 싫은데요, 이상하게 북아트로 하면 재밌어요."라고 했다.

북아트 수업에 대한 요령도 생기기 시작했다. 재작년에는 5학년이라 다소 어려운 북아트도 욕심을 내어 만들어 보도록 했지만, 작년에 맡았던 4학년은 더 어리고 미숙하기 때문에 똑같은 방법이라도 크기를 줄이고 좀 더 단순화해서 만드는 시간을 줄였다. 8절 도화지처럼 흔한 재료를 활용해 간단히 접기만 해도 담는 내용이 흥미로우면 아이들은 무척 재미있어했다.

북아트 만드는 시간을 좀 더 효율적으로 쓰는 방법도 깨달았다. 똑같은 30분이라고 해도, 예전에는 30분을 통째로 주어서 시간을 어떻게 쓰는

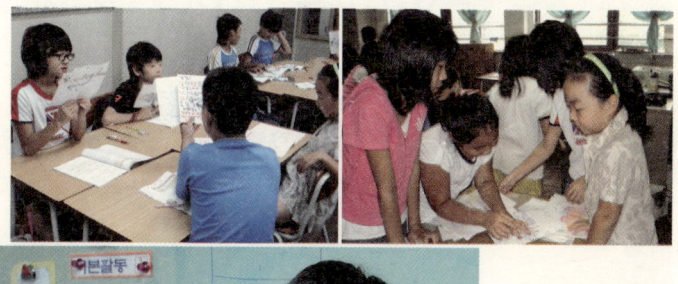

4절 도화지를 길게 반을 자른 후 2번 접어 만든 간단한 책이었지만, '상상의 동물'이라는 재미있는 주제를 담아서인지 아이들은 2시간이 넘도록 "계속해요!"를 외쳐 댔다.

지는 관여하지 않았다. 이듬해부터는 구체적으로 시간을 배분해 주었다.
"지금부터 15분은 표지를 완성합니다. 제목은 나름대로 독특하게 짓고,
어떻게 꾸밀지 생각해 멋지게 꾸며 보세요." "남은 15분은 글을 쓰는 데
초점을 둡니다. 선생님이 북아트에서 가장 중요한 것은 꾸미기가 아니라
글쓰기라고 했지요? 글쓰기에 집중하세요. 글을 다 쓰고 나서 남는 시간
이 있으면 그때 꾸미세요. 꾸미지 않았다고 아무도 뭐라고 안 합니다."
이렇게, 꾸미는 데 초점을 두어야 할 시간과 글을 써야 할 시간을 나누어
쓰게 하다 보니 아이들이 꾸미는 데 치중하여 글쓰기를 소홀히 하는 일
도 없어졌고 작품의 완성도도 높아졌다.

각각의 활동에 집중할 시간을 나누어 주며 자세하게 안내했더니 모두들 멋진 작품을 만들어 냈다.

며칠에 걸쳐서 북아트에 쓸 내용을 나누고, 시간을 잘게 나누어 글을 쓰게 하거나 그림을 오려 붙이게 하는 방식으로 수업을 진행했더니 잘하는 아이와 못하는 아이의 차이도 줄어들었다. 특히 보고서 형태의 수행평가를 하는 경우 집에서 해 오게 하면 부모가 신경을 쓰는 아이와 그렇지 못한 아이의 차이가 심했는데, 학교에서 방법을 자세히 안내하며 진행하니 부족했던 아이들도 끝까지 성실하게 해냈다.

북아트를 만드느라 수업에 소홀해지는 일이 없도록 노력하기도 했다. 시간이 많이 걸리는 북아트는 미술 시간과 연계하여 만들었다. 간단한 북아트는 만드는 시간이 5분을 넘지 않도록 했다. 아이들의 부담을 줄이고 끝까지 정성껏 만들도록 하기 위하여, 하나의 작품을 만들더라도 한 쪽, 한 쪽을 나누어 가며 며칠에 걸쳐서 완성하게 했다.

이런 나의 고민과 노력이 반영되었기 때문인지는 모르겠지만, 북아트 수업을 시작한 첫해 이후에는 북아트가 힘들다고 하는 아이는 없었다. 대신 요즘 우리 반 아이들은 왜 요새는 북아트 수업을 안 하느냐고, 만들어 놓은 북아트를 왜 끝까지 안 하고 쉬고 있냐고 내게 와서 묻는다. 이젠 남자아이들도 북아트 수업을 매우 재미있어한다.

이처럼 아이들의 태도가 달라진 것은 단지 북아트 방법을 간단하게 하고 꾸미기에 대한 부담을 줄였기 때문만은 아니다. 나는 이제 수업 재구성이 필요한 때에만 북아트를 한다. 공책이나 학습지, 실험 관찰 등의 보조 교과서를 대신하는 정도의 북아트 수업은 더 이상 하지 않는다. 지금 하고 있는 북아트는 수업 내용에 몰입할 수 있도록 쉽고 간단하게 만들지만, 그 안을 들여다보면 교과 관련 독서, 보고서 쓰기, 수업을 재구성한 글쓰기 등 그동안 내가 하고 싶어했던 다양한 수업을 담고 있다. 그 많은 수업 내용을 공책이나 학습지가 대신할 수 없기에 북아트로 수업하는 것이다.

《조벽 교수의 명강의 노하우&노와이》(조벽, 해냄, 2001)에는 좋은 수업이란 어떻게 해야 하는지에 대한 다양한 예와 방법이 자세히 나와 있다. 그중에 '강의 내용이 기억에 남는 비율'이라는 부분을 인용해 보면 다음과 같다.

읽기 10%

듣기 26%

보기 30%

보기와 듣기 50%

보기와 말하기 70%

말하기와 행동하기 90%

(중략)

가장 효과적인 강의는 학생들을 능동적으로 유도하는 것이다.

북아트는 수업 내용 자체가 아니라 수업을 재미있게 하는 방법 중 하나이다. 하지만 아이들은 북아트로 하면 공부가 더 재미있고 더 잘 된다고 말한다. 그동안의 수업은 보고 듣기만 하는 수업이었지만 북아트 수업은 스스로 읽고 쓰고 꾸미다 보니 지루하지 않다는 것이다. 북아트를 하는 순간만큼은 아이들이 학습에 능동적이다.

초등학교 교과서 내용을 다시 한 번 들여다보자. 아이들의 관심과 흥미보다 배워야 할 내용이 항상 먼저다. 그러다 보니 아이들은 관심도 없는 지식을 오로지 시험을 위해 머릿속에 구겨 넣어야 한다. 그래서 마인드맵, 신문활용교육, 북아트 등의 방법이 생겨난 것인지도 모르겠다. 구체적 조작기인 초등학교 아이들에게는 교과 내용을 효과적으로 배우기 위해 이러한 방법들이 분명히 필요하다고 본다. 토론 학습이나 역할 놀이는 수업시간에 해도 되고 마인드맵이나 북아트는 안 될 이유는 없다. 수업 내용을 효과적으로 학습하기 위한 방법이 된다면 말이다.

어떤 이들은 교과서 내용이 아니라 공부하는 방법을 가르치는 것이 중요하다고 말하기도 한다. 새삼 이 문제를 가지고 논쟁하고 싶지는 않다. 다만 중요한 것은 수업의 주체인 아이들이 신나고 재미있게 공부하면서도 제대로 배울 수 있는 방법을 적절하게 사용하는 것이라고 생각한다. 그것이 북아트든 다른 방법이든 말이다.

기타 북아트
주머니책

필요한 재료
대형 색종이,
색 하드보드지나
골판지, 풀

속지 만들기

❶ 대형 색종이를 사각 주머니 접기 방법으로 여러 장 접는다.

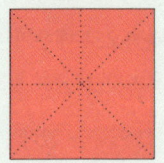 

❷ 주머니 접기 한 색종이 여러 장을 꼭지를
맞추어 포개 놓은 후에, 포개어지는 색종이
의 면과 면을 풀로 붙인다.

반드시 갈라지지
않는 부분끼리
모아지도록
정리해야 한다

표지 만들기

❸ 색 하드보드지나 골판지 등을 이용하여 접어 놓은 속지
의 가로, 세로 길이보다 1cm 크게 2장 오려서 접어 놓
은 색종이의 앞과 뒤에 붙인다. 뒤표지는 보관해 두었
다가 활동이 모두 끝난 후 붙이는 것이 좋다. 수업 내
용의 양에 따라 속지를 이어 붙일 수도 있기 때문이다.

❹ 앞표지와 뒤표지를 꾸며서 완성한다.

마치며

북아트로 수업을 하다 보니 재미있는 일도 여러 번 겪습니다. 방학 숙제를 해 오라고 하면 시키지도 않았는데 몇몇 아이들이 북아트로 영어사전을 만들고, 체험활동 보고서를 만들고, 독서록을 정리해 옵니다. 어떤 아이는 방학 때 동네 문화센터에서 북아트 과정을 공부한 후 저에게 그동안 만든 작품들을 보여주기도 하고, 또 어떤 아이는 자기가 새롭게 개발한 북아트 수첩을 미니홈피에 올려서 친구들에게 팔기도 했습니다.

그뿐만이 아닙니다. 제가 가르친 제자들은 제가 부탁을 한 것도 아닌데 저에게 편지나 카드를 쓸 때에도 나름 북아트를 활용해 만들어 보냅니다. 어떤 아이들은 북아트로 하는 공부가 너무 하고 싶어서 종이를 접어서 공부를 하기도 했다고 하니 북아트에 대한 사랑이 저만의 것은 아니었나 봅니다.

우리 반 아이들은 저와 함께 북아트로 하면 공부가 정말 재미있다고 이야기합니다. 교사로서 아이들에게 들을 수 있는 가장 좋은 칭찬을 북아트 덕분에 듣고 있습니다.

우리 반 아이들과 함께 만든 북아트 수업 결과물을 통해 많은 선생님들과 이야기를 나눌 기회도 많았습니다. 경력이 많은 분일수록 북아트에 대한 거부감이 많았습니다. 북아트는 수업을 재미있게 포장하는 방법일 뿐 수업 내용이 더 나아지도록 돕지는 못한다고 생각하셨기 때문입니다. 하지만 우리 반 아이들과 실천한 북아트 수업 사례들을 보시고는 북아트가 수업에 도움이 될 수 있겠다고 공감해 주셨습니다.

아이들이 북아트를 재미있어하는 것은 알겠는데 진짜 학습 능력에도 도움이 되는지 물어보는 분들도 제법 많았습니다. 그런 분들께는 항상 제가 먼저 되묻습니다. "선생님께서 말씀하신 학습 능력이 시험 성적을 이야기하는 건가요?"라고 말이지요.

제가 하는 북아트 수업은 정답을 콕콕 찍어서 정리해 주는 수업이 아니라 끊임없이 생각하고, 자료를 찾아 읽고, 쓰는 작업을 필요로 하는 수업이었습니다. 이 때문인지 학기 초에는 아이들이 제가 요구하는 수업을 힘들어하는 경우가 많았습니다. 하지만 독서와 함께한 북아트 수업을 마치고 나서 "선생님, 티나라 시험문제가 이해되긴 처음이에요."라고 아이들이 이야기하는 것을 보면 학습 능력 향상에도 도움이 되지 않았나 하는 생각을 조심스레 해 봅니다.

저는 북아트를 활용해 수업하면서 우리 반 아이들이 성적을 높이는 것보다 더 많은 것을 배웠다고 생각합니다. 교과서 내용과 관련된 책이나 자료를 스스로 찾아보기, 어려운 책을 읽으면서 내가 필요한 정보를 찾아내어 읽어 보기, 알게 된 내용을 바탕으로 보고서 쓰기, 모둠 친구들과 협동하여 보고서 만들기 등 진짜 공부다운 공부를 하려고 노력했기 때문입니다.

누군가 제게 앞으로 북아트 수업을 얼마나 열심히 실천할 거냐고 묻는다면 정확하게 대답을 할 수는 없습니다. 하지만 답답한 교과서 틀에서 벗어나 재구성한 나만의 수업 내용을 담기에 북아트는 더할 나위 없이 좋은 도구였습니다. 아마 앞으로도 북아트를 계속 만들지 않을까요. 아이들과 즐겁게 공부할 수 있는 더욱 새로운 방법을 알기 전까지는 말입니다.

북아트 수업에
필요한 준비물

표지 만들기에 좋은 종이들

색 마닐라지 두꺼운 도화
지 종류로 빨강, 노랑, 파
랑, 초록 색깔이 있다.

색 하드보드지 예쁜 색깔이
많아서 그대로 표지로 사용
할 수 있다.

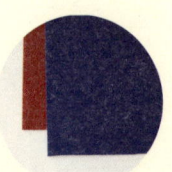

펠트지 피자책 등을 만들
때 사용하면 좋다.

골판지 책등을 만들 때는
골판 무늬 방향와 90도 되
는 방향으로 접어야 각이
잡혀서 예쁘게 만들어진다.

물결무늬 골판지 가방책 등
을 만들 때 이용하면 세련
된 느낌을 연출할 수 있다.

검정 도화지 접기 쉽고 재
질도 두꺼운 편이어서 표지
로 쓰기에 알맞다.

속지로 쓸 때 좋은 종이들

흰 도화지 16절, 8절, 4절 등 다양한 크기로 접어서 활용하면 좋다.

색 도화지 속지를 예쁘게 꾸밀 때 유용하다. 주제를 여러 개로 나누어 글을 쓸 때 색깔을 구분해서 쓸 수 있다.

머메이드지 표지를 만들 때도 많이 쓰지만 속지에서 고급스러운 느낌을 연출하고자 할 때 좋다.

대형 색종이 주머니책, 삼각형책, 네모책 등을 만들 때 필요하다.

소포지 전지 크기로 사서 담을 내용이 많거나 길이가 긴 책을 만들 때 잘라 쓰면 편리하다.

북아트를 만들 때 꼭 필요한 준비물

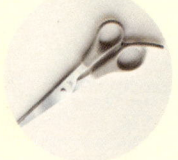

가위 한번 사면 오래 쓸 수 있다.

풀 물풀보다는 딱풀이 흐르지 않고 빨리 붙어 편리하다.

우드락 본드 색깔이 투명해서 깨끗하게 만들 수 있고 한꺼번에 쏟아지지 않아 사용하기 좋다.

커팅매트 A4 크기와 A3 크기가 있는데, 초등학생들에게는 A3 크기가 더 적합하다.

칼 커터칼을 준비해 놓으면 나중에는 칼날만 구입해 사용하면 된다.

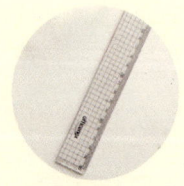

자 30cm 격자 무늬로 준비하는 것이 좋다.

다양한 북아트를 만들기 위한 소품들

쇼핑백 끈

할핀이나 똑딱핀

다양한 색종이

벨크로 테이프
(보들이와 까슬이)

제본 테이프

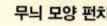

무늬 모양 펀치

리본, 끈, 구슬끈 등 다양한 장식 재료

이 책에서
소개한
북아트

28

파일북(독서지갑책)

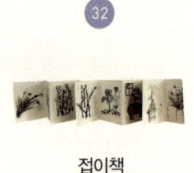

32

접이책

57

16면 보일러북

63

갈라접기책

69

하우스북

74

모양책

82

T−갈라접기 응용책

93

삼각형책

104

4면 아코디언북(병풍책)

배움을 키우는 교실 속 북아트

118 6면책

122 8면 팝업북

126 구멍책

135 카드끼움책

146 8면 아코디언북

151 물결책

154 문어발책

158 계단책

162 T-갈라접기책

174 주머니책